平凡社新書
996

リスクコミュニケーション

多様化する危機を乗り越える

福田充
FUKUDA MITSURU

HEIBONSHA

リスクコミュニケーション●目次

はじめに

あらゆる「危機」に対応するために

　私が危機管理の研究を始めたのは、生まれ故郷である兵庫県が被災した一九九五年の阪神・淡路大震災がきっかけであった。六〇〇〇人を超える犠牲者が発生したこの大地震に対して、当時の日本政府、村山富市政権はなすすべもなかった。発生後の数時間において東京の首相官邸は「待ち」の消極的姿勢で被害把握もできないまま、危機対応の命ともいうべき発災期の初動対応を無駄にしたのである。危機における情報収集、情報伝達、指揮命令系統、これらは危機対応における「クライシスマネジメント」において極めて重要な柱となる「クライシスコミュニケーション」といえるが、当時の日本政府にはこの能力が欠落していたのである。それは日本政府だけの責任ではなかったであろう。兵庫県や神戸市など自治体にも、企業にも、学校にも、病院にも、そして研究者自身にも、当時の日本全体にこの危機管理能力は欠如していたのである。当時二〇代の大学院生であった私は、この阪神・淡路大震災で初めて被災地調査を経験し、それから災害対策研究を始めた。

同年三月、東京でオウム真理教による地下鉄サリン事件が発生した。化学兵器サリンによる首都東京の地下鉄とその乗客を標的とした無差別化学兵器テロである。この地下鉄サリン事件により、一四人が死亡、五八〇〇人以上が負傷した。結果的にオウム真理教はその前年の松本サリン事件や、坂本堤弁護士一家殺害事件など数多くの犯罪で日本社会を混乱に陥れたが、これだけの犯罪を起こしたカルト教団が、地下鉄サリン事件を起こす前にその計画やその他の犯罪を暴き、防ぐことを日本政府はできなかった。それは日本のテロ対策やインテリジェンス活動の弱さ、法制度の欠如に起因していた。地下鉄サリン事件の調査、研究を通じて、私は日本でなされてこなかったテロリズム研究、テロ対策研究を始めた。

その後、北朝鮮の弾道ミサイル実験を調査することで新たにミサイル事案を研究対象に加え、またJCO臨界事故により原子力災害と原発事故、さらにSARS（重症急性呼吸器症候群）や鳥インフルエンザのエピデミックにより感染症パンデミック事案も研究対象にするなど、あらゆる危機を対象にした「危機管理学」研究を開始するに至った。危機管理とは、そうした世界で、また日本で発生するあらゆる危機を対象にしたものでなくてはならない。日本政府や自治体、そして企業も、学校も、病院も、その危機の種類を選ぶことはできず、すべての危機に対応せねばならないからである。

そして、その「危機管理学」の中で重要な機能を果たすのが、本書のテーマである「リスクコミュニケーション」である。

東日本大震災を経て

二〇一一年三月一一日、その日、私は春休み中の大学で午前中に講演した後、午後から校務である大学ホームページのリニューアルのために業者と会議中だった。会議室で東京震度5強の地震を経験し、会議を中止して携帯電話で地震情報を調べた。「これは東海地震ではないか」という私の直感は間違っていた。それまで危機管理学の文脈で災害対策も研究していた私は、東京で大地震が発生する場合、それはプレート型の東海地震か、断層型の首都直下地震だというステレオタイプを持ってしまっていた。「東京でこれくらいの揺れで、東海地震ならば静岡県は震度7を記録して壊滅的な被害が発生しているはずだ。そして巨大津波がやってくる」。携帯電話からネットで調べた地震情報が伝えてくれたのは、この地震が宮城県沖の巨大地震であるという事実であった。

そしてキャンパスでゼミナール活動をしていたゼミ生たちは大丈夫か、それが次の瞬間に考えたことだった。ゼミ生たちに携帯電話で連絡をとろうとしたが、輻輳《ふくそう》対策のための通信規制が始まり、東京では携帯電話がつながりにくく、連絡がとれなかった。そのとき考えたことは、ツイッターなどSNSであれば、ゼミ生たちに連絡がとれるかもしれないということだった。ゼミ生たちも同じことを考えていた。電話の通信規制が始まっても、東京ではSNSなどネットの通信は利用することができた。携帯電話からツイッターで学生たちにメッセージを送り、キャンパスの近くの避難場所の公園に皆が集合していることがわかり、ゼミ生たち全員の無事が確認できた。

都内でも電車やバスが不通となり、帰宅困難者となった学生たち、教職員らとともにキャンパスで一夜を過ごした。地震の揺れにより書棚から本や資料が散乱した研究室で、テレビ報道を見ながら、東北での大地震と津波発生の状況を見守るしかなかった。テレビでは定点カメラや自衛隊ヘリコプター撮影で伝えられる各地の映像と、気象庁が発表した大津波の高さと到達時間が繰り返し流されていた。東京では電話が輻輳と通信規制によりつながりにくくなっていたが、停電は発生していなかったためテレビもネットも使える状況であった。そして、私たちは宮城、岩手、福島、青森の東北地方沿岸部が津波にのみ込まれていく様子をテレビによってリアルタイムで視聴した。被災者の方々の生存を祈りながら。しかしそれはまるで映画やドラマのワンシーンを見ているかのようなバーチャルな経験だったのである。

そしてその夜、私はそのさらに一六年前にも同じことを経験していたことを思い出さざるをえなかった。一九九五年一月一七日、兵庫県南部地震が発生し、故郷の西宮市が崩れ落ち、思い出が詰まった街、神戸市が燃えているのを、東京からテレビで見守るしかなかったのである。その日も電話はつながらなかった。当時東京大学大学院、東京大学社会情報研究所で研究していた私は、震災発生一ヵ月後に、災害情報研究の廣井脩教授らとともに自身で初めて経験する被災地調査として被災した故郷に入った。生まれ故郷の被災という経験から、私はそれまでの研究テーマを捨てて、災害対策研究をはじめとする「危機管理学」の研究を始めた。それまで実際に関西で蔓延《まんえん》していた「関西に地震は来ない」という神話がなければもっと住民は地震に向き合って地震対策を行っていたのではないか。「自衛隊アレルギー」がなければ、そして災害派遣に関する体制が確立されていたら、もっと素早く大規模に自衛隊を展開して被災者を救えたのではないか。政府、官邸にもっと危機管理能力があれば、初動から適切な災害対策をとることができたのではないか。大地震という天災、自然災害でありながら、自分には阪神・淡路大震災が「人災」であると思えた。それまで日本社会ではタブーであった「危機管理」というテーマ。危機管理がタブーであったがゆえに、日本の災害対策、原発対策、テロ対策、安全保障政策、感染症対策は、社会科学の側面で特に遅れてきたのだという思いから、「危機管理学」の研究と教育を日本に構築することが私の人生のテーマとなった。

東日本大震災の被災地調査で被災地に現地入りしたのは、発生から二週間後、三月下旬であった。茨城県、福島県と被災地の海岸線を北上し、車の移動と徒歩によって宮城県、岩手県と被災地各所をめぐった。被災地の地震被害、津波被害の状況を確認しカメラやビ

写真１　福島県いわき市の津波被害

写真２　宮城県石巻市の旧門脇小学校

デオで記録しながら、避難所を訪問し被災者の声を聞く。自治体を訪問してヒアリングしながら状況を確認する。これが災害対策研究における被災地調査の第一段階である。そこから見えてくるのは、テレビや新聞などのマスメディアによる報道だけでは見えてこない被災地の生の実態である。現地の被災者自身の経験と視点、被災地を訪問してその被災者と向き合う研究者や記者の経験と視点、それがテレビや新聞、ネットなどメディアで報道して伝えられる視点、その報道によるメディア経験から震災と被災地、被災者を理解しようとする視聴者の視点と経験、それらはコミュニケーションによってつながっていながら、それらの間に大きな「断絶」を有している。リスクコミュニケーションが乗り越えなくてはならないのは、この「断絶」である。

被災地調査から住民や自治体へのヒアリング調査、アンケート調査を実施し、その問題点を明らかにして、論文や学会で発表、または政府の委員会で報告し、テレビ報道や新聞報道で取材コメントをするなど、多様な方法で社会に政策提言を行うことが私の研究教育活動であるが、これ自体が自然災害、原発事故に関するリスクコミュニケーションの実践だと考えている。震災後も毎年、東北の被災地を訪問し、復興の状況をこの目で確かめながら、その経験を社会に伝えていくこと、これが研究者の使命であるのだ。

感染症というグローバル・リスク

私が危機管理学の研究を始めて二五年が経った二〇二〇年に発生したのが新型コロナウイルスの世界的パンデミックであった。前年一一月に中国湖北省の省都、武漢で「謎の新型肺炎」が発生したという情報が日本に入り始めた頃、私は内閣官房の新型インフルエンザ等感染症とリスクコミュニケーションに関する懇話会の委員として、新感染症パンデミックにおいて政府や自治体のリスクコミュニケーションがどうあるべきか、過去の事例分析からその問題を検証し、今後のあり方を検討する作業に関わっていた。その懇話会の座長は、現在、内閣官房参与を務め、本書の対談で登場していただく岡部信彦先生である。

その懇話会では、国内の事例では直近の二〇〇九年の新型インフルエンザ（豚インフルエンザ）を経験した日本政府、厚生労働省、そして自治体がどのように対応し、記者会見やメディア報道を通じてどのようにリスクコミュニケーションを実践したか、その過程と問題点を詳細に分析し課題を洗い出した。同時に、海外の政府や官庁、自治体の制度や事例についても詳細な分析が行われた。有名な事例では、アメリカのＣＤＣ（アメリカ疾病予防管理センター）による感染症対策とリスクコミュニケーションに関する活動は、日本にも大いに参考になるものである。

二〇〇九年にメキシコで発生した豚インフルエンザは、国境を越えてすぐにアメリカに感染拡大した。当時、アメリカでも大量の感染者と死者が発生し、公衆衛生学的対策が幅広く展開された。その当時、私は日本大学法学部の准教授であったが、在外研究期間獲得の機会を得て、アメリカの「コロンビア大学ザルツマン戦争と平和研究所」の客員研究員として、ニューヨークで二年間の留学生活を送っていた。その留学生活の後半をこの感染症パンデミックが直撃したのである。普段、世界中からの観光客でにぎわうニューヨークでは、ブロードウェイのミュージカルが空席だらけになり、当時、松井秀喜選手が4番を務めていたニューヨーク・ヤンキースのスタジアムも連日がらがらの状態で試合運営される状況となった。このとき、アメリカでは手洗い、咳エチケットの励行、握手など身体接触を避ける措置などの公衆衛生学的リスクコミュニケーションのキャンペーンで、この感染症危機を乗り越えようとしていた。私はこの豚インフルエンザの危機管理に関する現地調査をニューヨークで実施し、コロンビア大学医学部とコロンビア大学病院へのヒアリング調査による医療ロジスティクスに関する研究を行った。また、CDCによる豚インフルエンザに関する調査、分析、そしてそれをメディアを通じて社会に発信するリスクコミュニケーションのあり方を身近に経験することができた。当時、感染者をGIS（地理情報システム）にマッピングさせながら、ツイッターやフェイスブックなどのSNSと結合させることにより、感染症対策に活かすプロジェクトなどがアメリカではすでに始まっていた。こうしたニューヨークでの個人的な経験から、新感染症パンデミックという危機が、自分自身の危機管理学のカバーする領域に含まれることとなった。

この豚インフルエンザが弱毒性であり、感染力もそれほど強くなかったことが、人類にとって不幸中の幸いであった。アメリカでもこの新感染症の感染拡大は収束し、日常生活を取り戻すことができた。また当時の日本でも、海外旅行や海外生活からの日本人帰国者が感染者として日本に入ってきた事例によって、豚インフルエンザは日本国内に侵入したが、大規模に国内感染拡大する前に抑え込むことに成功した。

そしてこの豚インフルエンザを契機に構築されたのが、より毒性の強い、二〇一二年の新型インフルエンザ等対策特別措置法である。戦後の日本で初めて、私権制限につながる形の緊急事態宣言という制度を持つ法律である。私自身も新しい危機管理学について研究を本格化させていく中で、厚生労働省の新型インフルエンザに関する厚生科学審議会や、内閣官房新型インフルエンザ等対策有識者会議や分科会のメンバーに加わり、政策的にも関わるようになっていった。

日本政府、特に危機管理を担う内閣官房も、厚労省などの官庁も、新感染症パンデミックに対して何も準備してこなかったわけではない。コレラや結核などの戦前猛威を振るった感染症がすでに過去のものになっていった戦後においても、鳥インフルエンザ、SARS、豚インフルエンザなどの海外で発生した新感染症の事例から、少なからずその対策と準備は進められてきた。

それではなぜ、二〇二〇年一月に日本国内に入ってきた新型コロナウイルスではこうした過去の研究や準備が十分に活かされなかったのか。それは、危機管理という観点から新感染症対策が網羅的に構築されていなかったからである。またそれが、政府や官庁の一部でのみ検討されていただけで、地方自治体や企業、病院、学校など様々な社会のステークホルダーの中で知識や議論が共有されていなかったからである。新感染症パンデミックについてのリスクコミュニケーションは社会の中で十分になされていなかったのだ。

本書では、新型コロナウイルスだけでなく、大地震や台風などの自然災害、原発事故や航空機事故などの大規模事故（人為災害）、犯罪やテロリズムのような国民保護事案（パブリックセキュリティ）、戦争紛争などの国際安全保障（グローバルセキュリティ）、ネット上のコミュニケーションや活動における情報セキュリティなどにも視野を広げ、多様な危機に関する、リスクコミュニケーションの問題を考察したい。

第1章　「リスクコミュニケーション」とは何か

「リスクコミュニケーション」と「クライシスコミュニケーション」

日本では一言でまとめられる「危機管理」であるが、英語では論理的に多様な区別がある。例えば、「危機」という概念についても、英語では「リスク（risk）」と「クライシス（crisis）」、「ハザード（hazard）」、「ペリル（peril）」など様々な表現がある。

そしてリスクとは、危機がまだ発生していないが、潜在化している状態を表し、よって危機が発生する可能性のことを意味する。ゆえに、「私がガンになるリスク」という場合には自分はまだガンになっていないし、「私が交通事故を起こすリスク」といった場合には自分はまだ交通事故を起こしていない、仮定のことを表現していることがわかる。

よって、学術的には、危機管理の中でも「リスクマネジメント（risk management）」とは、危機が発生する以前の段階で、その危機の発生を防ぐための対策のことを意味する。よって、「リスクコミュニケーション（risk communication）」とは、その危機を防ぐために、様々なメディアを用いながら危機についてのコミュニケーションを実践し、そうした社会教育を通じて意識を共有し、議論しながら、リスクに対する政策のあり方について合意形成していく過程全体を意味する。

それに対して、同じく危機管理を意味する「クライシスマネジメント（crisis management）」とは、危機が発生した段階で、その危機による被害を最小限に食い止めるための事後対応のことを指す。よって、「クライシスコミュニケーション（crisis communication）」とは、危機が発生した状況下において、人々の命を守るために必要な情報伝達を様々なメディアを活用して行うことを意味する。具体的にいえば、大地震が発生した時に沿岸部に出される津波警報や避難指示、また台風や豪雨の際に発表される大雨特別警報や避難指示などは、このクライシスコミュニケーションに該当する。また、近隣諸国から発射された弾道ミサイルに対して住民に発せられるJアラートによるミサイル警報もこのクライシスコミュニケーションである。

ウルリッヒ・ベックのリスク社会論

ドイツの社会学者、ウルリッヒ・ベックはかつて、現代を「リスク社会」として規定してリスク社会学の構築を提唱した。ベックがその主著の一つ『リスク・ソサエティ』（邦訳書『危険社会』）を著したのは一九八六年のことであり、そこにはチェルノブイリ原発事故を経験した人類が科学技術とどう向き合うべきか、人類を発展させてきた近代化と科学技術がこれから人類に何をもたらすのかが問われていた。

リスク社会とは、人々が生活行動をする際の判断基準としてリスクマネジメントを意識するようになる社会のことである。例えば、人生において就職をするとき、その会社の経営や労務面で安全性が高いかどうかが判断基準の前面に現れるような場合、また結婚をするとき、その相手を選ぶ判断基準でその人は人格的に安全かどうかが重視されるようになったり、また家を買うときにその地域が自然災害や大規模事故、治安などの面で安全かどうかチェックする状況は、すでにリスク社会であるといえる。

また毎日の生活の中でも、その日に着ていく服装を決めるとき、行き帰りのルートを選ぶとき、電車のホームからどの車両に乗るかを決めるとき、昼食で食べるメニューを決めるとき、夕食の買い物をするとき、リスクを回避して安全なものを選択しようとする判断基準が優先されるようになる社会もリスク社会である。本来、自分にとってそれが便利であり、利益があると判断する「ベネフィット」の合理性に基づいて選択がなされたり、またはそれが自分にとって楽しく感じられて自分を幸せに豊かにすると判断する合理性に基づいて選択がなされたりすることが、人間の行動選択であったが、その行動選択の判断基準、根拠が「安全・安心」にシフトする社会こそがリスク社会である。このようなリスク社会では、リスクマネジメント、つまり危機管理こそが社会の重要な判断基準に変容するのである。リスク社会において、人生での重要な決断、または毎日の小さな選択の中に、リスクマネジメント、危機管理の論理が入り込んでいるのである。ベックはこの状況を、リスクの個人化、リスクの普遍化、リスクの遍在化、と呼んでいる。人々にとって、社会のあらゆるものがリスクマネジメントの対象となってしまったのである。

もう一つベックの指摘で重要な点は、「再帰的近代化」である。人類は古代から地震や台風、大雨、干ばつといった天変地異に悩まされてきた。それにより人々は住む場所や食べ物を失うことで危機に直面してきた。また同時に、病気やケガ、またペストやコレラといった疫病、感染症に直面することによって命が失われてきた。こうした自然災害や疫病といった天然由来の危機を乗り越えるために、人類は医療や土木工事などの科学技術を発展させてきたのである。つまり、人類にとって近代化とは、人々の生活の安全を確立して危機を回避するために始まったものである、というのがベックの考え方である。

こうして近代化によってリスクマネジメント、危機管理の考え方が誕生し、科学技術は進化を遂げたが、今度はその科学技術が新しいリスクを社会にもたらす。例えば、石炭や石油による火力発電という大きなエネルギーを生み出した人類は、化石燃料に依存する社会を構築した。一方で産業革命や生活の革新を生み、さらにテレビやパソコンによる情報化をもたらした。しかしその反面、石炭や石油による火力発電は、新しい安全保障リスクを生み出すこととなった。こうした現代社会を維持するために必要な石油や石炭などのエネルギーが、第二次世界大戦やその後の戦争の原因となり、世界に大きな災厄をもたらしたのである。またこれらの化石燃料によって排出される二酸化炭素が引き起こす地球温暖化などの気候変動危機に対応するために、世界各国が導入した原子力発電が、チェルノブイリ原発事故や福島第一原発事故といった原発事故という新しい危機を生み出したのである。

それ以外にも、資本主義の進化の過程で金融工学によって生み出された金融市場の様々なシステムが、リーマン・ショックのような新しい世界恐慌を引き起こすに至った。また老後の安心した社会生活を保障するために作られた年金制度も新しいリスクを生み出している。それ以外にも、遺伝子組み換え食品やAI、IoT、ビッグデータといったイノベーション・テクノロジーも新しいリスクを社会にもたらしている。

ベックはこう分析する。人類の生活を豊かにするために進められた近代化によって科学技術が進化したが、今度はその科学技術が新しいリスクを生み出す。その科学技術が生み出した新しいリスクを解決するために、さらに新しい科学技術の開発が必要となる、と。こうして、科学技術の進化に基づいて発生する新たなリスクを克服するために新しい科学技術やそれをマネジメントする新たな法制度を進化させるというように、近代化の過程はリスクマネジメント、危機管理の視点から永遠に繰り返されるのである。この過程を、ベックは「再帰的近代化」と呼んだ。近代化（モダン）の後に、ポスト近代化（ポストモダン）が訪れると指摘したかつての現代思想の潮流と異なる、このベックの指摘は、現在のリスク社会の中でよりリアリティをもって評価されている。これがベックの言う「リスク社会」で、私たちはこうしたリスク社会、リスクの時代を生きているのである。

日本に危機管理の必要性をもたらした九〇年代

図表1　朝日新聞で報道された「危機管理」に関する記事量の推移

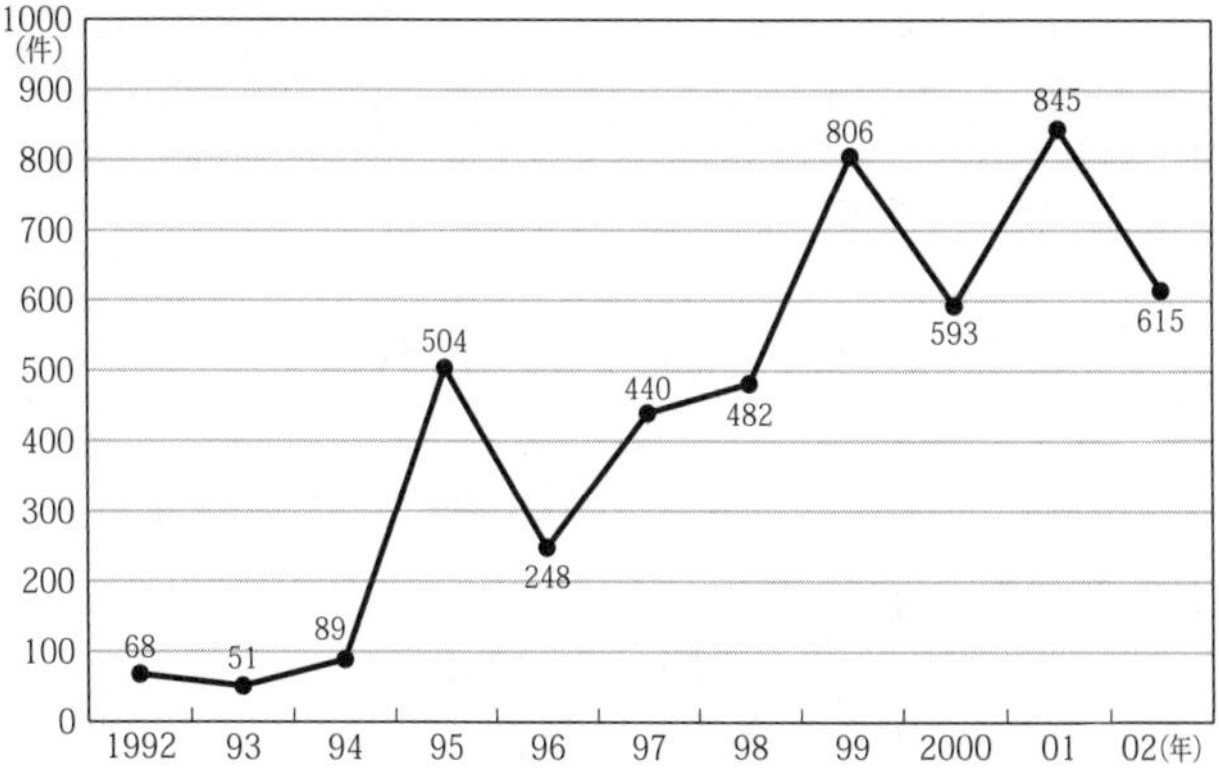

日本において「危機管理」というキーワードが重視される時代が訪れた。それは、一九九五年の阪神・淡路大震災と、オウム真理教による地下鉄サリン事件だ。それまで、戦後民主主義の日本において「危機管理」という言葉は、「有事」という言葉と同じくらいタブーであり、政治的にも学術的にも使いにくい言葉であった。それは、戦前までのファシズム、治安維持法や特高警察と太平洋戦争の経験がもたらした歴史的な反省からくるものでもあった。戦後民主主義の社会において、危機管理の一部でもあるテロ対策や犯罪対策は国民を監視するものであり、有事法制や安保法制はまた日本を戦争ができる国家にするためのものだ、という批判が繰り返されてきたのである。

しかし、阪神・淡路大震災の発生によって、一九九五年以降、日本では災害対策だけでなく、危機管理が遅れているとの指摘がメディア報道や政治の中でなされたのである。また、その二ヵ月後の地下鉄サリン事件においても、日本ではテロ対策、そして危機管理が遅れているということがまた社会で幅広く指摘された。

図表1は、一九九二年から二〇〇二年の間に朝日新聞の記事で「危機管理」というキーワードが使用された記事件数の推移を示したグラフである。九四年までは年間一〇〇件にも満たなかった危機管理の記事が、九五年の一年で五〇〇件超に増加していることがわかる。これが先に述べた阪神・淡路大震災と地下鉄サリン事件による社会の変化を表している。それまで有事や危機管理という問題に対して批判的な態度、慎重な態度をとってきた朝日新聞においても、こうした傾向が発生した。その後も、九〇年代において増減を繰り返しているが、全体的に増加傾向がみられる。九〇年代にはほかにもペルーの日本大使館人質事件、北朝鮮の弾道ミサイル発射実験、JCO臨界事故、北朝鮮不審船事件、コンピュータ二〇〇〇年問題など危機管理に関する重大な社会問題が発生した。そして二〇〇一年にはアメリカ同時多発テロ事件の影響により最高の八四五件を記録している。このようなジャーナリズム、メディア報道からみても、日本においても「危機管理」という言葉、概念がタブーではなくなり、普通に議論されるようになった。

九〇年代とはそうした日本を取り囲む国際環境や、国内の政治状況が大きく変化した時代であった。一九九〇年に発生した湾岸戦争では、クウェートを侵略したフセイン大統領のイラクに対して、アメリカのブッシュ大統領が国際社会にクウェートの解放を訴えたことにより、国連がアメリカを中心とした多国籍軍による軍事介入を認めるという事態が発生した。これは国際的合意に基づいた「懲罰戦争」の論理であり、こうした軍事介入は「人道的介入（humanitarian intervention）」と呼ばれた。第一次世界大戦、第二次世界大戦の二度の「全体戦争」や「総力戦」という戦争の概念に代わり、朝鮮戦争やベトナム戦争といった米ソ冷戦構造における「代理戦争」の時代が訪れ、ソ連の崩壊による冷戦の終焉から、国際環境の変容とともに戦争の概念や種類は大きく変容し、多様化した。アメリカを中心とした一極集中型の一国覇権主義の時代が訪れたのである。アメリカ中心の安全保障下において、人道主義に反する戦闘は違法化され、湾岸戦争やボスニア紛争、セルビア・ヘルツェゴビナ紛争が起こり、九〇年代に「懲罰戦争」という新しい形の戦争形態をもたらした。「懲罰戦争」において戦争に参加することは「人道的介入」という人道主義の実践となったのである。この考え方がのちに、「人間の安全保障」に結びつくことになる。

その結果、一九九〇年の湾岸戦争に参戦しなかった日本政府と自衛隊は国際的に批判され、日本政府は多額の経済的支援を実施したにもかかわらず、クウェートによる世界の有名新聞への感謝の全面広告の中に「日本（Japan）」の名前はなかったのである。その後、日本政府は国連による国際平和維持活動（ＰＫＯ）に自衛隊を派遣するためのＰＫＯ法を一九九二年に国会に上程し、成立させた。このときも自衛隊を海外に出して戦争できる軍隊にするのか、という一部野党とメディアの反対は非常に大きかった。これが日本の安全保障に関する法制度の構築の第一歩となったが、これ以後、グローバリズムの時代において安全保障を国際協調でという方向性が確立したといえる。国連を中心として世界が国際的に協調しながら安全保障を確立し、危機管理の体制を構築していこうとする時代であった。

そんな中で発生したのが九五年の阪神・淡路大震災とオウム真理教による地下鉄サリン事件であった。さらに、北朝鮮による不審船事件の発覚により、北朝鮮拉致問題が顕在化した。多くの日本人が戦後長い間、北朝鮮によって誘拐拉致されていたのである。また北朝鮮の金正日政権は九〇年代中盤から核開発と弾道ミサイル実験を始め、それが日本にとって大きな安全保障上の脅威となった。日本海に向けた弾道ミサイル実験が繰り返されたことにより、日本政府にはその弾道ミサイルから国民を守るための危機管理の体制が求められた。それがのちの、弾道ミサイルに対するミサイル防衛（MD）システムの構築、全国瞬時警報システム（Jアラート）構築につながっていく。さらには九九年には茨城県東海村で、当時の日本で最大最悪の原子力災害となったJCO臨界事故が発生した。

このように、九〇年代において阪神・淡路大震災のような自然災害、JCO臨界事故やもんじゅナトリウム漏れ事故のような原発事故、北朝鮮による誘拐拉致事件やオウム真理教による地下鉄サリン事件のようなテロリズムや国家犯罪、北朝鮮による弾道ミサイル発射のような国家安全保障、湾岸戦争における自衛隊の掃海艇派遣のような国際安全保障など、日本を大きく揺るがす、危機管理、安全保障をめぐる重大問題が続けて発生したのである。

戦後民主主義におけるタブーが解けて、日本社会で危機管理が求められる時代が到来したのは、こうした日本を取り巻く国際環境、国内環境の変化が原因であった。

危機管理は「オールハザード・アプローチ」

私が国内外に向けて訴え続けてきたことは、危機管理には「オールハザード・アプローチ」が求められるということである。オールハザード・アプローチとは、すべての破壊的危機に対応する方法といった意味合いである。なぜ危機管理にこのオールハザード・アプローチが必要なのか。それは企業で働く会社員として、自治体で働く公務員として、学校で働く教職員として、病院で働く医療従事者として、一市民として、危機の種類を選ぶことはできず、社会で発生したあらゆる危機に巻き込まれうるからである。当然、政府や自治体、企業、学校、病院などの危機管理はあらゆる危機を対象としたものでなくてはならない。

危機には様々な事象が含まれるが、図表2のように地震や津波、台風といった自然災害

図表2　ハザード系リスクとライフ系リスクのモデル図

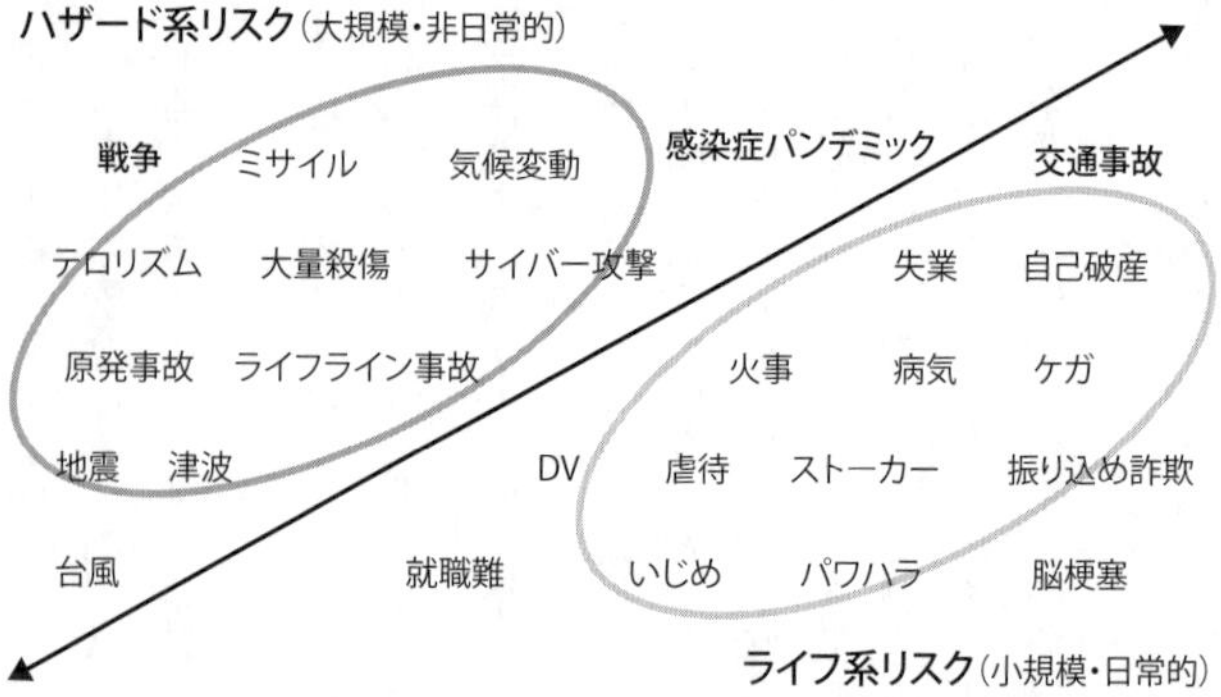

や、原発事故やライフライン事故のような大規模事故、またテロリズムやミサイルといった国民保護事案、戦争や紛争などの安全保障、そのほかにもサイバー攻撃などの情報セキュリティや、感染症パンデミック、気候変動といった、常に起きているわけではなく非日常的であるが、ひとたび発生すると大規模な被害を社会にもたらす危機のことを「ハザード系リスク」と呼ぶ。これまで、こうしたハザード系リスクの「危機管理」について、社会科学的かつ公共政策学的な観点から研究、教育する大学や研究機関は日本にはほとんど存在しなかった。

反対に、被害規模は大きくないが日常的に発生する「ライフ系リスク」である、病気、ケガ、失業、交通事故、火事といったリスクに関しては、これまでの学問体系の中で、法律学や経済学、医学といった分野で十分に研究がなされてきた。こ

図表3 オールハザード・アプローチと学際的アプローチ 福田

		オールハザード・アプローチ							
		自然災害	大規模事故	犯罪	テロリズム	戦争紛争	環境問題	情報流出	パンデミック
学際的アプローチ	法学								
	政治学								
	社会学								
	経済学								
	心理学								
	都市工学								
	情報工学								
	土木工学								
	地質学								
	気象学								
	医学								

うした従来的な学問体系によって十分に研究、教育されてきたリスクに対する社会制度は充実してきたが、それに対して、これまで十分に研究、教育されてこなかったハザード系リスクについての社会制度が遅れていたことがこの日本の大きな課題であった。

それでも、地震や津波、台風といった自然災害については理系の専門家の中で研究が行われ、また感染症や医学の分野においても新型インフルエンザといった感染症パンデミックの研究は蓄積されてきた。しかしながら、そうした自然災害や感染症パンデミックが社会で発生した時に、また原発事故やテロリズムが発生した時に、政府や自治体、そして企業や学校はどのように対応すればよいのか、危機管理の視点から社会科学的に研究、教育するアプローチは日本では非常に弱かったと言わざるを得ない。

またこれらの一つひとつの分野の研究者は個別に専門化されていて、タコツボ化している状況もある。当たり前であるが、政府や官庁、そして自治体は危機を選ぶことができない。企業や学校も、また私たち個人も、社会で発生する様々な危機を選ぶことはできない。つまり、すべての危機に対応することが求められるのである。だからこそ、危機管理のための研究、教育も、社会制度の構築も、すべての危機を対象にした「オールハザード・アプローチ」の危機管理が必要になってくるのである。その考えに基づいて、私が構築した新しい学問領域が「危機管理学」で、図表3のように、横軸のオールハザード・アプローチと縦軸の社会科学を中心とした学際的アプローチから構成される。

あらゆる危機への備えが足りなかった日本社会

先に述べたような歴史的経緯から、日本では政治や地方自治、学術研究の領域でも、戦後社会において危機管理は放置されてきた。その結果、民間企業や市民生活においても、危機管理の意識と活動は根付いてこなかった。

例えば、図表4は日本の市民がどのような危機に対してリスク不安を感じているかを示したものだ。福田充研究室ではこうしたオールハザード・アプローチに基づいた様々な危機に対する市民のリスク不安やリスク認知を検証するための社会調査を定期的に実施してきた。

図表4　日本国民が持つリスク不安の種類

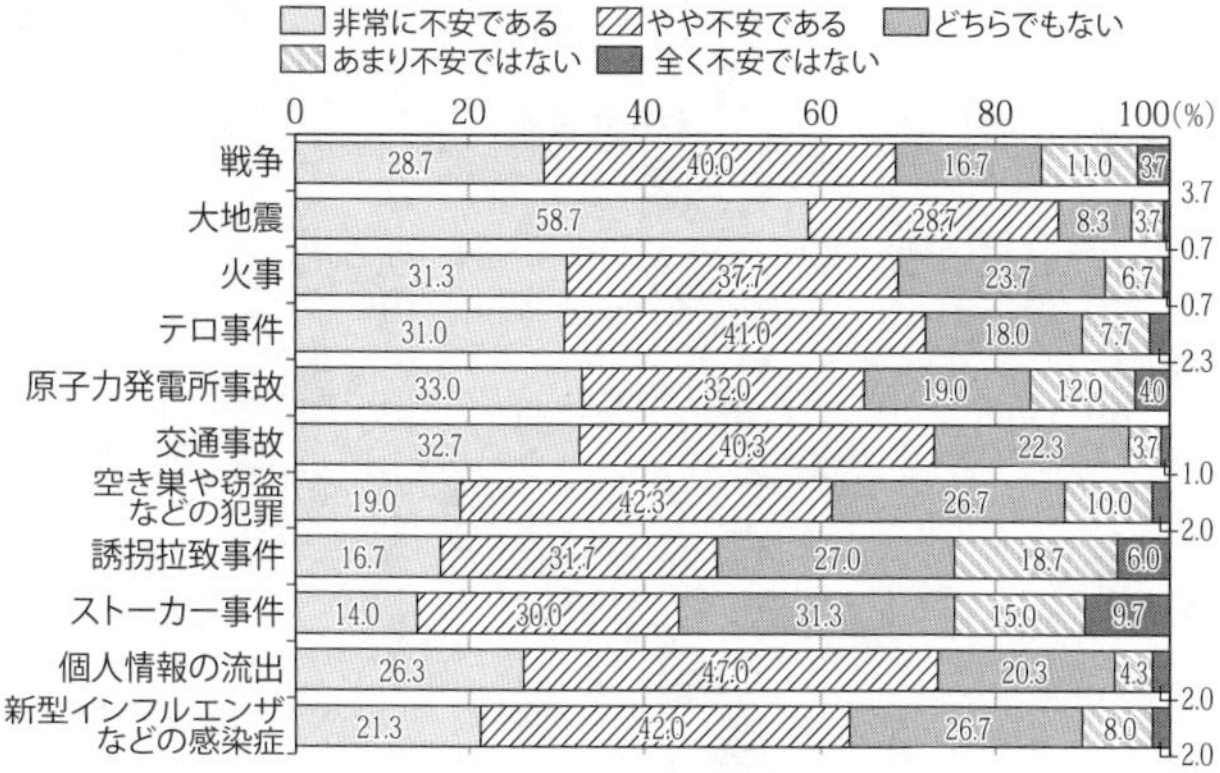

二〇一九年の調査段階で、日本人がもっともリスク不安を感じていたのは、「非常に不安である」とした人数の数値だけで切り取ってみても、大地震（五八・七％）、原発事故（三三％）、テロ事件（三一％）、戦争（二八・七％）などの危機が上位にきていることがわかる。これまで二〇年近くこの同じ質問項目でアンケート調査を定期的に実施してきたが、常にトップだったのは、「大地震」であった。それは一年を通してみても、地震は頻繁に起きているということに起因すると推測できる。ゆえに、日本の災害対策は世界全体の中でも相対的に進んでいるといえる。

一方、「テロ事件」や「戦争」というリスク項目に対する不安は、かつては低い傾向であったが、年々増加傾向にある。その背景には、二〇〇一年のアメリカ同時多発テロ事件以降、日本でも国民保護法の制定などテロ対策が強化されたこと、そして二〇二〇年に行われるはずだった五輪に向けたテロ対策のメディアキャンペーンの効果だと考えられる。また、戦争に関していえば、二〇〇〇年代以降、北朝鮮の弾道ミサイル発射実験の増加や核開発の進展、尖閣諸島や竹島の領土問題など日本を取り巻く東アジア情勢の変化による影響が考えられる。

また「原子力発電所事故」の項目へのリスク不安も年々高まっている。その契機となったのは一九九九年のJCO臨界事故と、二〇一一年の福島第一原子力発電所事故だ。一九八〇年代に発生したアメリカのスリーマイル島原発事故や、旧ソ連のチェルノブイリ原発事故によって、その原発事故への脅威は世界的に高まったが、日本での「原子力安全神話」は揺るぎない状態であった。八〇年代後半から反原発運動は一時高まりを見せたが、それでもそれはごく一部の局所的現象であったと言わざるを得ない。多くの日本人にとって原発事故とは海外で発生した「対岸の火事」で、「他人事」だったのである。そうした意識が大きく変化したきっかけが、JCO臨界事故と福島第一原発事故で、日本人の原発事故に対するリスク不安やリスク認知はこのあと一気に高まりを見せたのであった。

このように、市民のリスク不安について考えるとき、国内外の情勢の影響を受けて、大きく変化していることがわかる。つまり市民のリスク不安は社会環境へのリアクションとして発生するのである。反対に、市民やその世論は、実際に発生した危機や蓋然性の高いリスクに対してそのリスク不安を高めるが、実際に経験していない危機に対してはリスク不安を感じず、リスク不安は高まらないという傾向がみられるのである。

そのことは、この二〇一九年の調査時に「新型インフルエンザ等の感染症」へのリスク不安が二・三%と様々なリスクの中でも低いことからもわかる。新型コロナウイルスを経験していない当時の日本人は、感染症パンデミックというリスクを不安視していなかったのだ。もし、二〇二一年に同じ調査を実施すればこの項目へのリスク不安は極めて高い数値を示すはずである。日本で新型コロナウイルスのような新感染症パンデミックへの備えが遅れたこと、意識が弱かったことは、こうした市民のリスク不安の低さからもうかがえる。そして他の危機と比べた場合、新型コロナウイルスのような新感染症に関する事前のリスクコミュニケーションはほぼ機能していなかったと言わざるを得ない。

実際、自治体や企業がどのような危機を想定してきたかを示したのが図表5である。これは全国の自治体と東証一部上場企業などを対象にして福田研究室が実施したアンケート調査の結果で、その対象の大半が地震や台風などの自然災害を想定して、危機管理を実施してきたことがわかる。それに対して、テロや戦争などの国民保護事案、安全保障事案を想定したケースは非常に少なかった。また、原発事故や新型インフルエンザなどの感染症に対する想定と危機対応も自然災害と比べると少なく、情報漏洩やサイバー攻撃などの情報セキュリティに関する危機管理も、企業では進みつつあるが自治体では遅れている。このように、自治体や企業の危機管理は自然災害対策に偏っていたのである。こうしたこと

図表5　自治体と企業が想定する危機

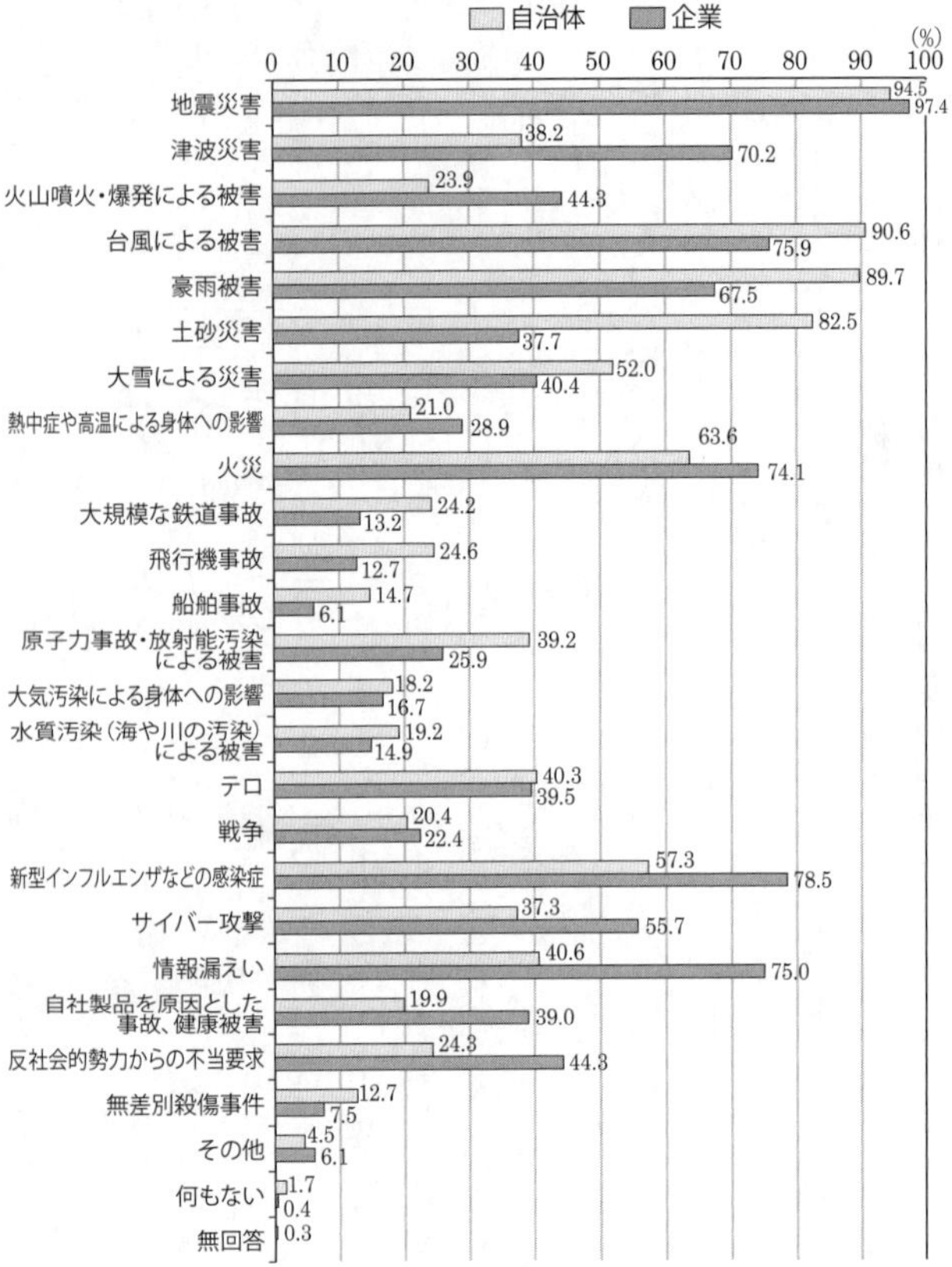
自治体
企業
(%)
0 10 20 30 40 50 60 70 80 90 100
地震災害 94.5 97.4
津波災害 38.2 70.2
火山噴火・爆発による被害 23.9 44.3
台風による被害 90.6 75.9
豪雨被害 89.7 67.5
土砂災害 82.5 37.7
大雪による災害 52.0 40.4
熱中症や高温による身体への影響 21.0 28.9
火災 63.6 74.1
大規模な鉄道事故 24.2 13.2
飛行機事故 24.6 12.7
船舶事故 14.7 6.1
原子力事故・放射能汚染による被害 39.2 25.9
大気汚染による身体への影響 18.2 16.7
水質汚染（海や川の汚染）による被害 19.2 14.9
テロ 40.3 39.5
戦争 20.4 22.4
新型インフルエンザなどの感染症 57.3 78.5
サイバー攻撃 37.3 55.7
情報漏えい 40.6 75.0
自社製品を原因とした事故、健康被害 19.9 39.0
反社会的勢力からの不当要求 24.3 44.3
無差別殺傷事件 12.7 7.5
その他 4.5 6.1
何もない 1.7 0.4
無回答 0.3

から、日本社会におけるリスクコミュニケーションは自然災害対策に偏り、原発事故、テロリズム、ミサイル問題や戦争紛争の安全保障、そして感染症パンデミックのリスクコミュニケーションは手薄だったのであった。

そうした現状は、日本政府や大学研究機関、メディアが作り出してきた戦後日本の全体像を反映している。日本人のリスクに対する意識が高まっているにもかかわらず、その両者の間にあるギャップこそが現在の日本社会における深刻な問題点なのである。新型インフルエンザ等の感染症に対する危機管理の構築は、自治体も企業も、一般市民の間でも十分になされず、二〇二〇年以降の新型コロナウイルス対策への混乱をもたらしたことは間違いない。このように事前のリスクマネジメントとリスクコミュニケーションが欠落していたのは、危機管理とは災害対策だけではなく、原発事故も、テロリズムも、ミサイルも、戦争や紛争も、そして情報セキュリティに対しても、新感染症パンデミックに対しても必要であるという「オールハザード・アプローチ」の考え方、意識が日本に根付いていなかったからである。

危機管理の「四つの機能」

二〇〇九年にメキシコで発生した新型インフルエンザ（豚インフルエンザ）は、アメリカや周辺国に感染拡大し、世界に拡散した。この豚インフルは海外から帰国した日本人によって日本国内にももたらされたが、この弱毒性かつ感染力も比較的弱かったウイルスの特性や、日本政府の感染症対策の効果もあって、早めに収束した。この豚インフルの感染拡大を受け、日本では当時の民主党政権が二〇一二年に新型インフルエンザ等対策特別措置法を施行した。このとき想定されたのはH5N1のような強毒性で高病原性の新型インフルエンザであり、内閣官房が想定したシミュレーションによると、最悪の事態に陥った場合、国内で六四万人が死亡するという想定であった。これは当時の日本政府が想定した死者数では最大の数字であり、南海トラフ巨大地震の最悪の死者想定が三二万人であることを考えると、この六四万人死者想定というのがいかに大きな数字であるか、日本政府がいかに新型インフルエンザに対し危機感を抱いていたのかがわかる。

当時の民主党政権は最悪の事態を想定し、それまでの日本の危機管理関連の法制度でもっとも強い私権制限を含む「緊急事態宣言」を制度化するために、この新型インフルエンザ等対策特別措置法を構築した。「最悪の事態を想定する」ことが危機管理の鉄則であることからも、こうした政府の姿勢は間違っていなかったといえる。これにより日本政府は、詳細な「政府行動計画」を策定し、それに基づいて都道府県など地方自治体に対しても「行動計画」策定を指示できたのである。

特措法で想定される新型インフルエンザ等の新感染症に対して、「政府行動計画」の重要項目には次の五つが含まれている。（カッコ内は筆者追加）

（1）外国や国内での発生状況、動向、原因の情報収集（インテリジェンス）
（2）感染症の蔓延防止に関する措置（セキュリティ）
（3）医療の提供体制の確保のための総合調整（ロジスティクス）
（4）地方自治体、指定公共機関、事業者、国民への情報提供（リスクコミュニケーション）
（5）国民生活や国民経済の安定に関する措置（セキュリティ、ロジスティクス）

まず、新感染症の発生状況について平常時から国内外の情報分析を行うことは極めて重要なインテリジェンス活動である。また、新感染症が発生した場合に、初動において迅速に出入国規制や防疫・検疫体制を構築するなど感染症の蔓延防止に関する措置をとることはセキュリティ活動として不可欠である。同時に、医療の提供体制を確保し、治療薬やワクチンの確保を行うなどの総合的な調整や準備もロジスティクス活動として極めて重要である。そして、新感染症やその感染予防策などについて地方自治体や公共機関、事業者、国民に対して様々なメディアを通じて情報提供するリスクコミュニケーション活動こそが感染拡大を防ぐための決め手となる。このように「政府行動計画」には危機管理上、極めて重要な要素が網羅されているのだ。

そしてそれらのうち、「インテリジェンス」「セキュリティ」「ロジスティクス」「リスク

図表６　危機管理の４機能

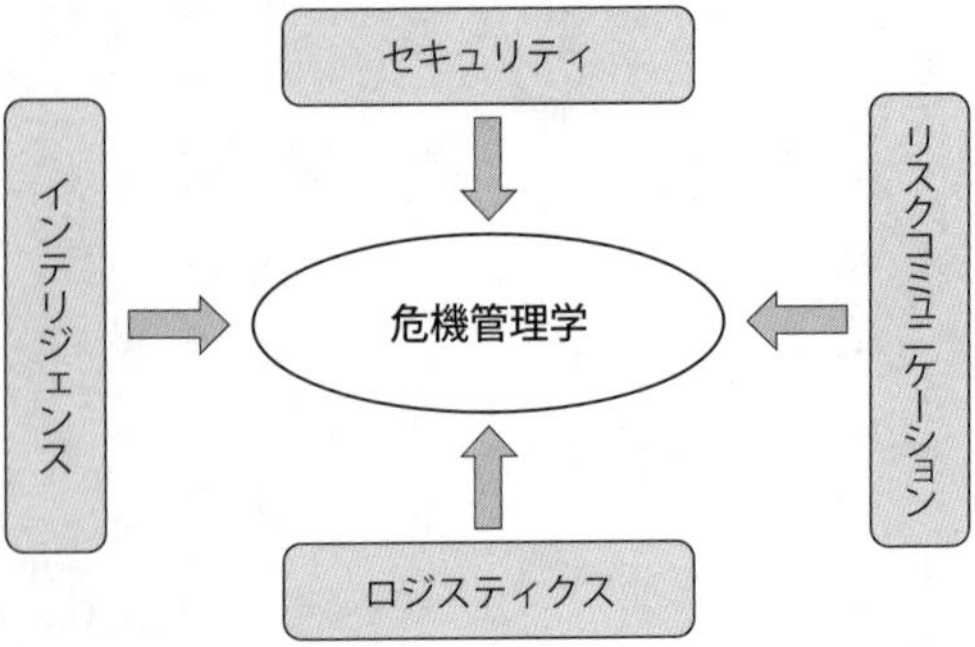

コミュニケーション」は、危機管理学とそれに基づいた危機管理の実践をする上で不可欠な機能であり、新感染症だけでなく、地震や津波、台風などの自然災害や、原発事故、航空機事故のような大規模事故（災害マネジメント）においても重要な機能である。そしてテロリズムや犯罪などの治安犯罪対策（パブリックセキュリティ）においても、ミサイル事案や戦争・紛争などの安全保障（グローバルセキュリティ）においても、サイバー攻撃や大規模な情報流出のような危機（情報セキュリティ）においても、重要な役割を果たすのである。

危機管理が包摂する空間軸レベル

リスク社会において、危機管理能力（リスクリテラシー）が個人に求められる状況を、ベックは「リスクの個人化」と呼んだ。社会生活のあらゆる状況で個人がリスクを回避する判断、自己決定が求められる社会が、リスク社会で、「自分の身は自分で守る」という論理が「自助」である。これは近代化における個人主義の論理と深く結びついている。近代化において、市民が得た自由・人権は、自分で職業や結婚相手を選べるという自己決定、そして選挙における投票行動によって自分たちのリーダーを選ぶという民主主義社会をもたらした。つまり、近代化がもたらしたものはこの個人の自己決定に基づいた社会なのである。さらに再帰的近代化の過程で、危機管理という機能が近代化のシステムを補完するという文脈において、危機管理もまた個人主義化するというのは必然的な帰結であった。

次に自分を取り囲む家族や、隣近所の地域社会でお互いに助け合うことを「互助」と呼ぶ。互助会という表現があるように、日本社会では歴史的にこの互助の精神が受け継がれてきた。戦前・戦中には「隣組」という組織運営によって戦争に協力したネガティブな印象が付与されたが、戦後の災害対策においても、自主防災組織や消防団など、地域の住民で組織した自治会的な活動によってこの「互助」は実践されてきた。阪神・淡路大震災や長野県北部地震などにおいて、崩壊した建物から住民を掘り起こして助けたのは主に家族や隣近所の住民であったことが調査により判明している。消防や自衛隊などのファーストレスポンダー（初動対応者）の出動とそれによる住民の救出は極めて重要であるが、大規模災害においては住民の救助のすべてにこのファーストレスポンダーが対応することは困難であり、「互助」が重要となるのである。

続いて近年注目されているのが「共助」である。「共助」とは、国家や自治体に依存するのではなく、企業やNPOなどのプライベート・セクターが率先して社会的責任を果たすための活動を行うことを指す。阪神・淡路大震災以降に日本にも定着し始めたボランティア活動はこの「共助」に含まれる。

最後に挙げるのが「公助」だ。「公助」とは、危機において政府や自治体など公的機関が国民、市民を守ることを指す。自然災害や大規模事故、テロ事件やミサイル発射のような国民保護事案、そして戦争・紛争の安全保障において国家や自治体が果たす役割は大きい。それゆえ、ハザード系リスクにおいては、この政府や自治体が重要な役割を果たすことは間違いない。しかし、阪神・淡路大震災では初動が遅れ、政府が迅速な危機管理を実行することはできなかった。また東日本大震災でも、津波に襲われた太平洋沿岸部の自治体では市町村役場が津波に流され、災害対策本部は機能しなかった。こうした事態は、その後の熊本地震や西日本豪雨災害、台風19号東日本豪雨災害でも発生している。このように危機事態において、政府や自治体などの公的機関が完全なる危機管理を実践することが困難であることは認めなくてはならない。だからこそ、日本では現在、この「公助」依存体制から脱却して、「共助」「互助」「自助」を強化する必要があるのだ。

図表7のように自助・互助・共助・公助の空間軸のバランスを考えるとき、この関係性は国家の社会体制と関連している。例えば、自助を優先する社会は自由主義的な社会であ

り、典型的なのはアメリカである。アメリカでは、個人が銃を持つ権利が認められているが、これは自分や家族の身は自分たちの力で守るという「自助」の論理である。実際、オバマ大統領（当時）が整備するまで国民皆保険制度が存在せず、これは自分の生活は自分で守る、自分で計画する、国家による社会保障や年金制度に依存しない、という「自助」の論理があった。自助の社会は小さな政府で減税し、企業や個人の経済活動の自由を守るというアメリカの共和党、リバタリアンの理念に近いといえる。

図表7　危機管理の階層モデル

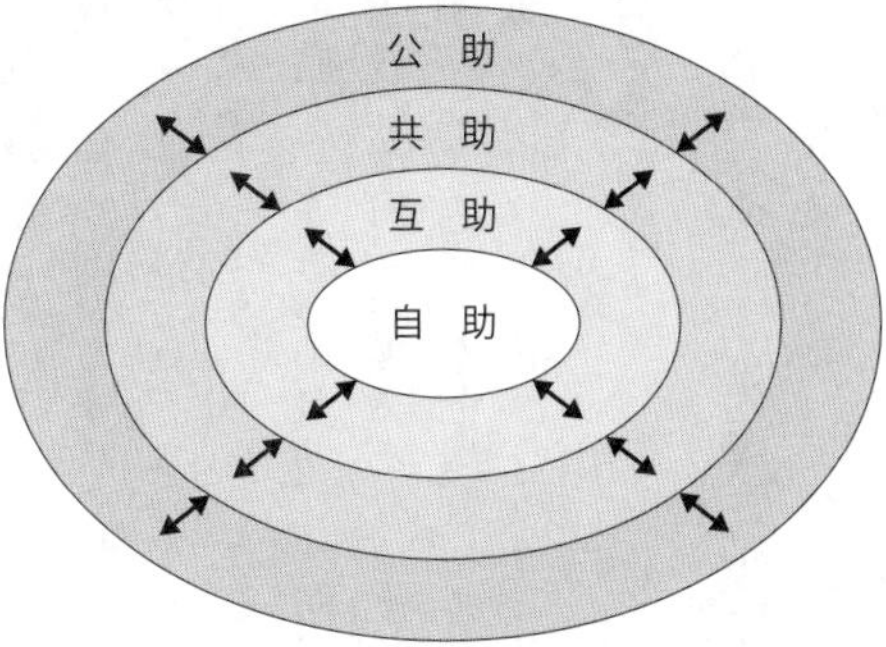

反対に「公助」を優先する社会は、社会主義的な体制である。国家や自治体の役割を重視し、社会保障を充実させて、社会における平等や公平を優先するという理念である。公助の社会は大きな政府であるため、増税を必要とし、その代わりに社会保障を充実させて市民にサービスを還元するというアメリカの民主党、コミュニタリアンの理念に近いといえる。当然、旧ソ連を中心とした社会主義体制はこの極端な例と考えられるし、現代においても中国や北朝鮮などこうした政

治体制は存在している。

危機管理や国家の運営において、自助優先の社会を構築するか、公助優先の社会を構築するか、それはそれぞれの国家のナショナル・アイデンティティに関わる問題であり、その国家がどのように運営されるべきかという、イデオロギー、思想的な問題である。そして同時に、これらの自助、互助、共助、公助のそれぞれの階層における危機管理体制の構築と社会教育が重要であり、それぞれの階層のトップダウン的、ボトムアップ的な相互作用がレジリエントな危機管理体制につながる。「危機管理学」では、こうした自助、互助、共助、公助のそれぞれの階層で求められる危機管理のあり方を探究する。

「戦略」と「戦術」

新感染症に対する危機管理には、先述したインテリジェンス、セキュリティ、ロジスティクス、リスクコミュニケーションという四つの機能と、それらを統合的にマネジメントする「戦略（ストラテジー）」が必要となる。二〇二〇年以降の新型コロナウイルスの感染拡大期に、筆者は新感染症対策には、中国・武漢やフランスなどが行ったような強い都市封鎖、ロックダウンによる移動規制や社会統制を実施して短期間で収束させる「ハード管理戦略」、スウェーデンのように社会統制をほとんど行わずに経済活動を維持する「ソフト管理戦略」のどちらかに舵を切らねば効果は発揮できないと発言してきた。

図表8　日本型モデルの検証仮説における目的変数と説明変数

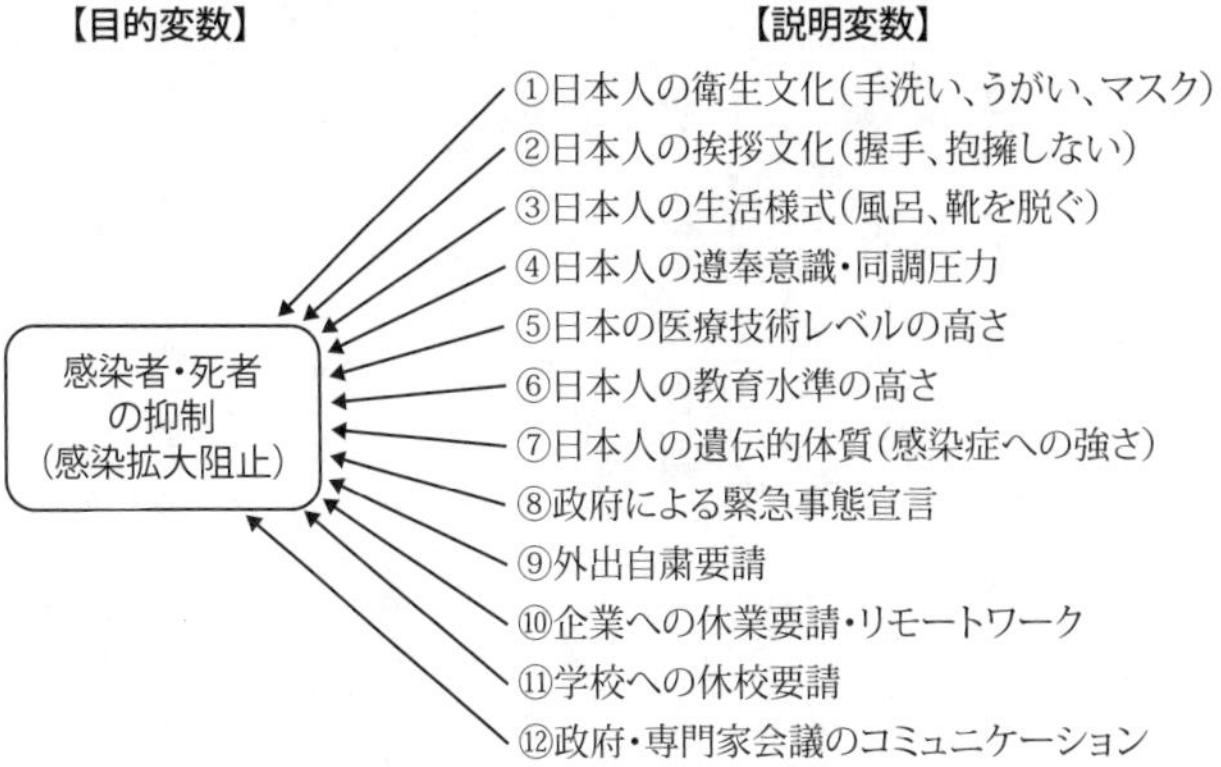

危機管理とは「最悪の事態を想定すること」であり、緊急事態宣言などの警報や宣言では「空振り三振はしても見逃し三振はするな」というのが鉄則である。この原則から言えば、安倍晋三政権（当時）は新型コロナウイルス対策で当初から決して「戦略」は示さず、小さい「戦術（タクティクス）」の積み重ねだけで乗り切ってきた。小さい戦術的政策の積み重ねで、段階的説得コミュニケーション（次章後述）を繰り返しながら、緊急事態宣言の発令まで持ち込んだのである。この安倍政権の手法は、危機管理の原則に反するもので、さらにハード管理戦略でもなく、ソフト管理戦略でもない中間的なアプローチであった。しかし、欧米先進諸国と比べても人口比率で死者数が圧倒的に少なく、この「日本型モデル」の効果の検証がこれから不可欠である。安倍政権が実施した数々の戦術的政策以外にも、図表8で示したよう

に、日本人の手洗い・うがい・マスクなどの公衆衛生的伝統、挨拶で握手や抱擁をしない文化、社会的距離を置く文化、日本の医療技術のレベル、教育レベル、同調圧力やお上意識の強い文化など多様な要因、変数が機能し、日本型モデルは成功したと考えられる。その中で、リスクコミュニケーション、クライシスコミュニケーションがどのように機能したかをこれから検証する必要がある。

新型コロナウイルスを地上から根絶させることは困難と言われており、このウイルスとの闘いは長期化するだろう。今後必要なのは、出口戦略の構築とそのための国民、市民の説得とリスクコミュニケーションによる議論と合意形成である。治療薬とワクチンの開発を急ぎながらも、それを待たずして国民、市民にとってこの新型コロナウイルスを受容可能リスク（acceptable risk）とするための議論と合意形成を始めねばならない。ここからは戦術だけの積み重ねでは乗り越えられず、戦略が必要となる。クラウゼビッツの『戦争論』にもあるように、「戦略の失敗は戦術で補えない」のであり、新型コロナウイルス問題を収束させる出口戦略とそのためのリスクコミュニケーションが不可欠である。

「リスクコミュニケーション」の重要性

リスクマネジメントに必要なのは、リスク源（risk source）、リスク認知（risk perception）、リスクコミュニケーション（risk communication）、リスク評価（risk assessment）、リスク管理（risk management）から成るサイクルである。社会に存在するあらゆるリスク源に対して、正しく認知し、それを社会でリスクコミュニケーションすることで、リスク評価を行い、その評価に基づいてリスク管理全体をコントロールするということが必要だ。とりわけリスクコミュニケーションは、このリスクマネジメントのプロセスを構成する極めて重要な機能である。このリスクマネジメントのサイクルは新感染症だけでなく、オールハザード・アプローチに基づいてあらゆる危機にあてはまるプロセスである。

新型コロナウイルス問題に関しても、感染が広まる前段階からリスクマネジメントのサイクルがうまく回る体制の構築が必要があった。まずはウイルスなどのリスク源を正しくリスク認知し、それを幅広く社会教育し、リスクコミュニケーションをする、そして社会全体でリスク評価を行って対策を事前に議論し、合意形成する過程が必要であったのだ。

第2章

人々の意識を変え、行動につなげるには

命を守る情報伝達

リスクコミュニケーションとクライシスコミュニケーションは、危機事態に関する情報伝達の機能を備えている。

例えば東日本大震災では、東北地方太平洋沖で地震が発生したことで、気象庁から東北地方沿岸部に大津波警報が発表された。その大津波警報はテレビニュースやラジオニュース、またはインターネットやメール、防災行政無線などの様々なメディアで東北各地、日本全国に伝えられた。その大津波警報や、各自治体が発した避難指示が、メディアによって媒介され、被災地の住民たちに対して伝えられることが危機管理のための第一歩であり、これはクライシスコミュニケーションにあたる。

危機管理における危機の概念を、危機が発生する前の状態のリスク（risk）と、危機が発生した後の状態のクライシス（crisis）を厳密に区別することによって、危機が発生する前に未然に防止するための危機管理をリスクマネジメント（risk management）、そのための事前の社会教育や合意形成のことをリスクコミュニケーション（risk communication）と呼ぶ。それに対して、危機が発生した段階での事後対応のことをクライシスマネジメント（crisis management）と呼び、危機が発生した後の緊急時の情報伝達のことをクライシスコミュニケーション（crisis communication）と呼ぶ。

図表9　クライシスコミュニケーションのモデル

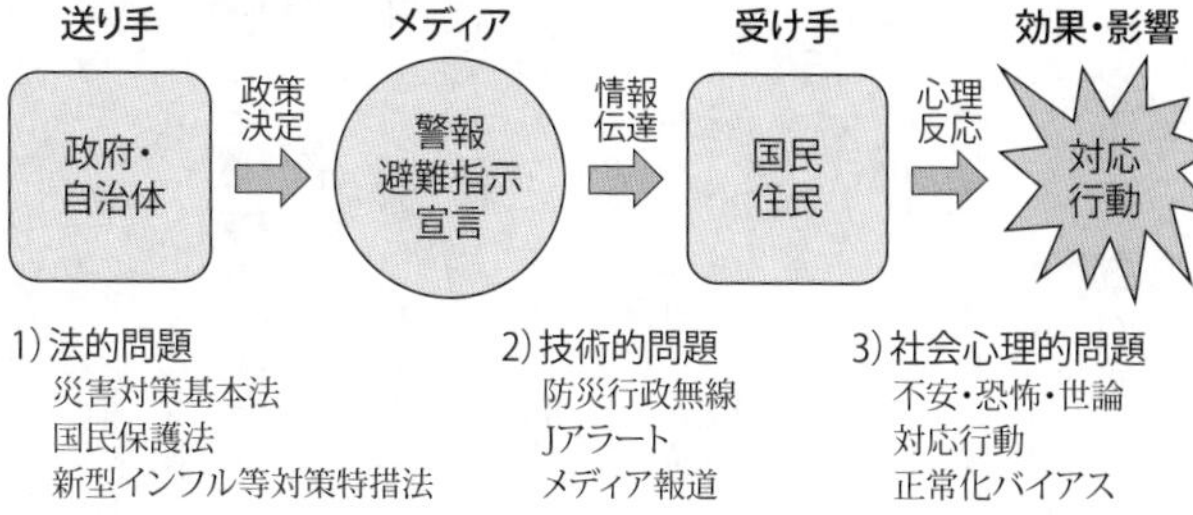

そのように考えると、東日本大震災における大津波警報もまた、図表9のようなクライシスコミュニケーションの過程としてとらえることができる。実際に、大津波警報や自治体が出した避難指示によって、それを聞いた多くの住民が高台に避難するなどの対応行動をとった結果、多くの住民の命が救われたのである。また、西日本豪雨災害や台風19号東日本豪雨災害でも、気象庁から発表された大雨特別警報と自治体によって発表された避難指示で多くの住民は助かっている。まさにこのクライシスコミュニケーションは住民の命を守る「命の情報伝達」である。

それは決して自然災害に限ったことではない。福島第一原発事故においても、事故発生直後に周辺住民に対して「屋内退避指示」の情報が伝達された。もし実際よりも多くの放射線を発し、より多くの放射能を生み出していたら、すぐに屋内退避しなかった住民は強度の被曝をしていた可能性がある。原発事故においても、この屋内退避や域外への避難行動は極めて重要な対応行動であり、警報の情報伝達も、周辺住民の命を守るための大切な情報伝達であった。

同時に、この命の情報伝達はテロリズムやミサイルなどの国民保護事案においても重要だ。例えば、近年の北朝鮮が発射実験を繰り返している弾道ミサイルに対しても日本政府が定めた国民保護法と地方自治体が定めた国民保護計画に基づいて、国民に対してリアルタイムで情報伝達するJアラート（全国瞬時警報システム）が整備されている。このJアラートは北朝鮮から弾道ミサイルが発射されて日本上空を通過する場合、また日本の領土内に着弾する場合に住民に対してリアルタイムで情報伝達されるシステムである。北朝鮮から弾道ミサイルが日本に向けて発射された場合、例えば首都東京に着弾するまでの時間は約七分から一〇分と言われている。七分間に、弾道ミサイルの発射を探知し、Jアラートを起動して、対象地域の住民に避難を促すメッセージを伝えなくてはならない。この弾道ミサイルから国民を守るためのJアラートのシステムは数分間で対象の住民に正確な情報を伝えなくてはならず、まさに時間との闘いである。

さらに新型コロナウイルスにおいてもこの命の情報伝達は機能しており、二〇二〇年四月に初めて発令された緊急事態宣言がそうである。この緊急事態宣言によって政府は日本国民に対して、外出自粛の要請や、企業の休業要請、リモートワーク促進の要請、そして学校の休校措置の要請を行った。政府によるクライシスコミュニケーションによって、人々が対応行動をとり、第一波の感染拡大は食い止めることに成功したのである。

原発事故や弾道ミサイル攻撃、感染症パンデミックなどのハザード系リスクは、住民の目に直接見えるリスクではない。原発事故によって発生した放射線や放射能は人間の目には見えない。また、はるか上空を高速で飛来する弾道ミサイルも直接目で知覚することは困難である。新型コロナウイルスのようなウイルスも、人間の目で見えるものではない。地震や大雨のように自分自身で直接知覚できるような危機や、火災や交通事故のように直接人が目で見ることができる危機、爆弾や銃撃によるテロリズムのように現場で直接経験する危機においては、巻き込まれた被災者がその自分自身の直接経験によって危機を理解し、対応行動を決定することができる。しかし、原発事故、弾道ミサイル攻撃、感染症パンデミックなどの「直接目に見えない」危機に対しては、政府や自治体からの警報の情報に頼るしかない。それゆえ、危機事態におけるクライシスコミュニケーションでは、政府や自治体からの公式な情報伝達が極めて重要なのである。

メッセージとしての警報とメディアとしての「Jアラート」

Jアラートは、二〇〇三年に小泉純一郎政権（当時）時に成立した国民保護法と国民保護計画に基づいて、総務省消防庁によって二〇〇七年に整備された情報伝達システムである。Jアラートの基本理念は、日本で発生した様々な危機に対して、日本政府が作成した警報をメディアを通じて、対象の自治体を経由して住民に情報伝達するというものだ。つ

図表10　ミサイル発射に対するJアラートの情報伝達

約10分間のクライシス・コミュニケーション

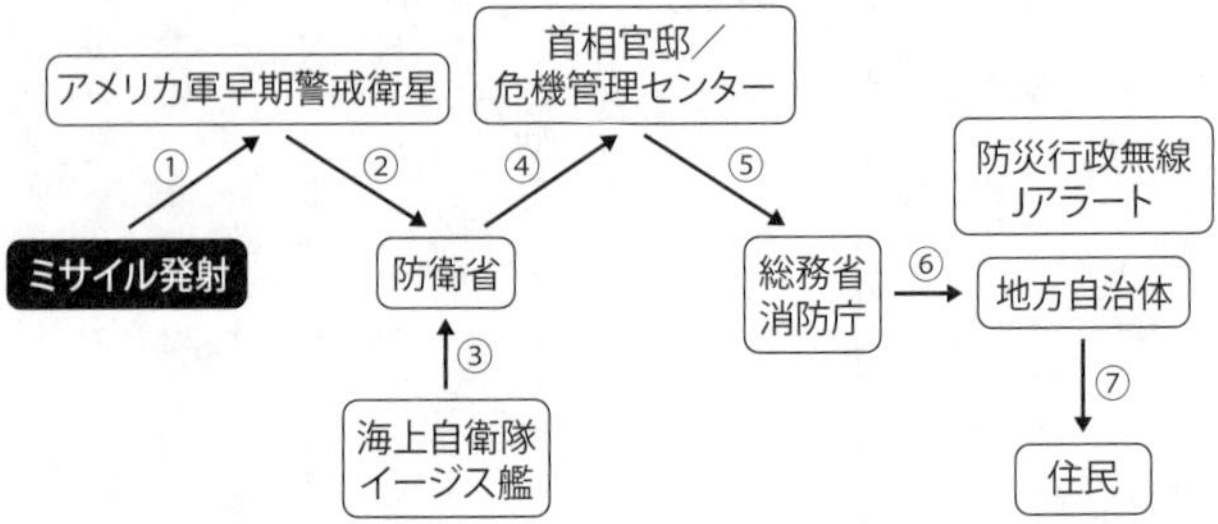

まり図表10で示したような、クライシスコミュニケーションのためのシステムである。

Jアラートは国民保護法に基づいて整備が始まったため、当初は、テロ警報、ミサイル警報、武力攻撃警報などの国民保護事案の警報が中心であった。その後、緊急地震速報や津波警報、大雨洪水警報などの自然災害の警報も加わり、二〇一一年の福島第一原発事故以後は原発事故の警報も加わった。こうしてJアラートはハザード系リスクを対象とした、オールハザード・アプローチに基づいた警報システムとなったのである。

Jアラートのシステムと警報のプロセスについて、ミサイル警報を例に具体的に考えよう。図表10のように、例えばある国から弾道ミサイルが発射された場合、その国のミサイル基地は常時、アメリカ軍の早期警戒衛星によって監視されており、ミサイルが発射された場合は、このアメリカ軍早期警戒衛星と、海上自衛隊のイージス艦が探知することができる。そのミサイル発射の情報は防衛省に伝えられ、防衛省から日本政府、首相官邸の危機管理センターに伝達される。そこで首相がJアラートの発動を指示した後、総務省消防庁がその指示に従ってJアラートのシステムを起動する。それによって、Jアラートの警報音とメッセージが対象地域に伝達され、自治体の防災行政無線の屋外スピーカーやメールシステム等で住民に伝達される。

これだけの複雑な情報伝達のプロセスを経て、弾道ミサイルのクライシスコミュニケーションは成立している。例えば北朝鮮からの弾道ミサイルであれば、首都東京がターゲットだとした場合、発射から着弾までの時間はその推進力と高度によって約七分から一〇分と言われている。たったこれだけの時間的猶予の中で、これだけの組織を経由して情報伝達をしなくてはならず、まさに、「時間との闘い」である。北朝鮮で金正恩氏が国家権力を掌握した後、この弾道ミサイル発射実験の回数は増加したが、特に二〇一七年には日本上空を通過する長距離弾道ミサイルの発射が繰り返された。それに対して日本政府はJアラートを起動して市民にミサイル警報を発したが、住民にミサイル警報が伝わるまでの最短時間は約五分であった。これだけの組織を経由して約五分で処理するだけでも十分その練度は向上したと評価すべきであるが、しかし、七分でミサイルが着弾するのであれば、ミサイル警報を聞いた住民に残された時間は約二分である。この約二分の時間でどのような対応行動をとれるか、これが命を左右する判断となる。

日本政府による弾道ミサイルへの対応行動は、屋外にいる人はまず安全な建物の中に屋内退避すること、建物の地上階よりも、もし地下があるのであれば地下に降りること、建物の中では窓ガラスから離れること、などである。弾道ミサイル攻撃において、そのミサイルの弾頭が通常爆弾なのか、核爆弾なのかによって、その被害と影響は全く異なる。そこで通常爆弾の場合はどのような被害が出て、どのような対応行動が必要であるか、核爆弾の場合にはどのような被害が出て、どのような対応行動が必要であるか、詳細な社会教育が事前に求められる。しかし、ミサイルが発射された時点では、その弾頭が通常爆弾なのか、核爆弾なのかはわからない。核爆弾である可能性も考えて常に最悪の事態を想定した対応行動をとらねばならない。

弾道ミサイルの弾頭が核爆弾であった場合、熱線、爆風、放射線、放射能から逃れるための対応行動が必要であるが、こうした核爆弾に対して避難することなど無意味であるという乱暴な議論や指摘があることも確かである。しかし、ミサイルが着弾したとき、屋外にいるよりも、建物の中にいるほうが生き残る確率はわずかでも高まる。さらに地下室や地下街にいたほうが生き残る確率はある程度高まる。その生き残る確率を少しでも高めることが必要であり、そのためのミサイル警報である。核爆弾と通常爆弾の違いはあるが、広島の原爆投下でも地下室にいて生き残った事例や、ナチスドイツによるV−1号、V−2号など数千発のミサイル攻撃によって焼け野原になったロンドンの市民たちが、地下鉄の構内に長期避難し、生き残ったという事例もある。こういう問題について、危機が発生してから説明している時間はない。だからこそ、事前のリスクコミュニケーションと社会教育がカギとなるのである。
　弾道ミサイルに対するミサイル警報は、有事サイレンの音が一四秒流れた後、次のメッセージが放送される。

「ミサイル発射情報。ミサイル発射情報。当地域に着弾する可能性があります。屋内に避難し、テレビ・ラジオをつけてください。」

　これだけのメッセージであるが、対応行動に二分しか残されていない状態ではこれくらい簡潔でわかりやすくなければならない。こうした警報メッセージは、危機の種類だけ整備されてきた。例えば、総務省消防庁が整備したJアラートの警報メッセージには、大津波警報、津波警報、緊急火山情報、緊急地震速報（予測震度5弱以上）、弾道ミサイル攻撃、航空機攻撃、ゲリラ・特殊部隊攻撃、大規模テロ、津波注意報、震度速報、気象警報、指定河川洪水予報、土砂災害警戒情報、東海地震予知情報、臨時火山情報などがある。つまり、危機管理のクライシスコミュニケーションは、オールハザード・アプローチに基づいているのである。
　そしてこうした警報メッセージを伝えるのがメディアの役割である。自然災害や原発事故などに関してテレビやラジオ、新聞などの従来のマスメディアは視聴者や読者に災害情報を伝える報道、災害報道を実践してきた。また、テロ事件やミサイル事案に関して、国民保護法と国民保護計画においてもこうしたテレビやラジオ、新聞などのメディアは指定公共機関としてJアラートの情報を市民に伝達する役割を担うこととされている。このような、テレビやラジオなどの放送メディアに加えて、行政の情報を住民に直接伝えるための防災行政無線の屋外スピーカーや、個別受信機なども重要である。また、パソコンやスマートフォン、タブレットなどで受信できるインターネットを経由したメールシステムや、Jアラート受信アプリなどの新しいメディアも生まれ、情報伝達のメディアの種類は多様化している。

このようにJアラートによる災害情報や、警報などのメッセージをあらゆるメディアを活用して市民に情報伝達する考え方を、クライシスコミュニケーションの「マルチメディア・アプローチ」と呼ぶ（図表11）。居住地域や、年齢、性別、職業などの社会的属性によって、人々が日常生活で利用するメディアは多様である。だからこそ、より幅広い市民に情報伝達するためには、たとえそれが煩雑であっても、あらゆるメディアを活用することに合理性があるのである。

行動を阻む三つの要因

図表11　リスクメッセージ伝達のマルチメディア・アプローチ

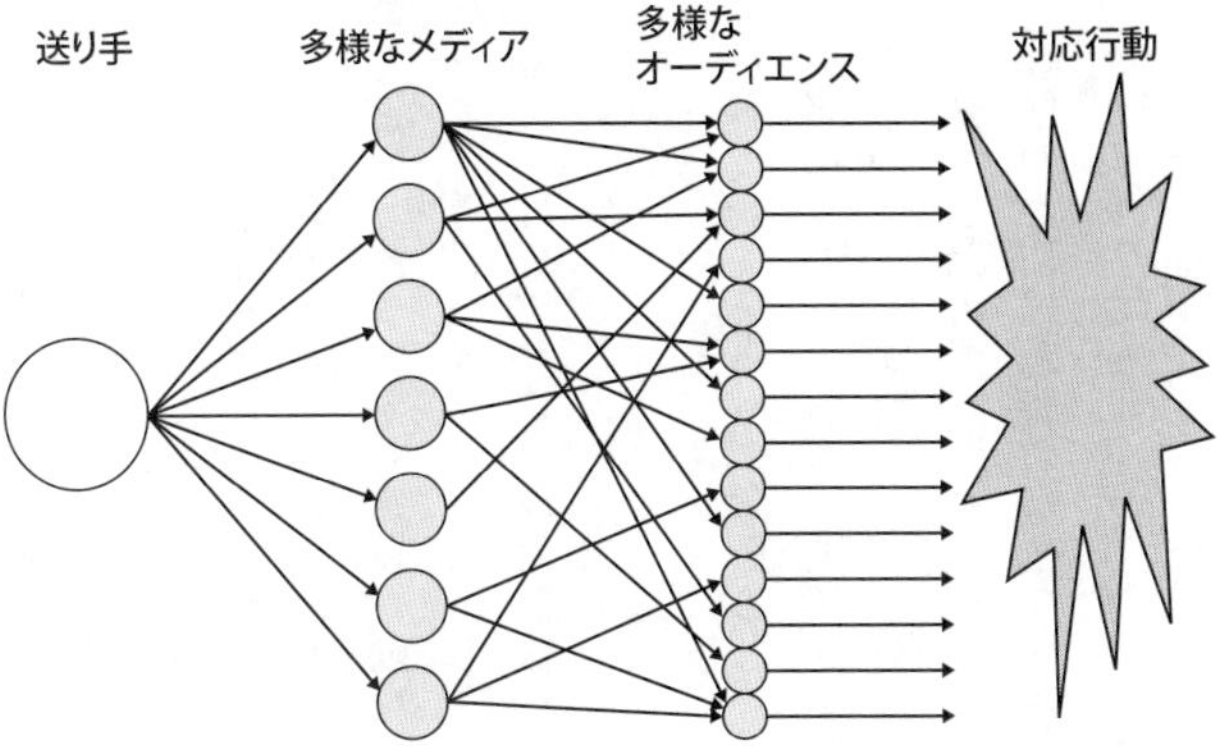

危機事態での情報伝達であるクライシスコミュニケーションは、51頁の図表9のようにメディア・コミュニケーションの場で構成される。危機事態への対応のために、災害対策基本法や原子力災害対策特別措置法、国民保護法、新型インフルエンザ等対策特別措置法などの法制度が確立され、政府や関係省庁、自治体は国民に対して情報を発信する。まずはこうした法制度的対応の構築から始まり、その後、その警報や避難指示の情報、メッセージの構築と、それを伝達するメディアのあり方の検討が求められる。こうしたメディアによる情報伝達があって初めて、国民、市民に危機の情報が伝わるのである。これは、メディア・コミュニケーションのプロセスとしては決して複雑ではない、むしろ単純なプロセスであるが、しかしながら、このクライシスコミュニケーションは、国民、市民に情報が伝達されれば、それで終わり

なのではない。ミサイル警報が伝えられて、情報を理解したからこれで終了、というわけにはいかない。そして大地震の後に大津波警報が伝えられて、津波が来ることがわかったから、これで終了というわけにもいかない。新型コロナにおける緊急事態宣言でも同じである。その情報を得た国民、市民が、その危機を避けるための対応行動をとって初めて、このクライシスコミュニケーションは成功といえるのである。市民がミサイルからの避難行動をとる、津波からの避難行動をとる、新型コロナに対する新しい生活様式を受け入れてマスク、手洗いをする、こうした対応行動が発生して初めて、このクライシスコミュニケーションは成立する。反対に言えば、どんなに法制度を確立しても、どんなに警報やメディアを構築しても、それが人々の対応行動に結びつかなければ、それは意味がないのである。

東日本大震災を事例に考えると、約二万人の死者、行方不明者が発生したが、警察発表では死者のうち約九割が水死であったことが判明している。つまり、犠牲者の多くは地震で亡くなったのではなく、ほとんどは津波によって亡くなったのである。だとすれば、気象庁が発表した大津波警報がクライシスコミュニケーションという形で住民に伝わり、それを理解した住民が皆、安全な高台などに避難できていれば、犠牲者の多くを救うことができたかもしれない。メディアの不具合により、大津波警報が伝わらなかった被災者も多かったことが福田研究室の被災者アンケート調査でも明らかになっているが、大津波警報が伝わっていても避難しなかった住民が多くいたことも推測できる。

そこで大災害が発生したとき、避難が必要であるにもかかわらず避難しない人がいること、これが犠牲者を拡大させる要因であり、危機管理の観点でいえば、このような人を減らすことが重要だ。これがクライシスコミュニケーションの目的である。人は危機事態においてなぜ避難しないのか。そこには物理的阻害要因、社会的阻害要因、心理的阻害要因の三つの要因がある。

まず、物理的阻害要因とは、大震災が発生して家が崩れて下敷きになったり、ドアが開かず閉じ込められたり、または避難経路が絶たれて避難所までたどり着けないなど、物理的な要因によって避難行動が阻害されることを指す。ほかにも、寝たきりや病気、障がいによって一人で避難することが困難な災害時要援護者の方もいる。そういう阻害要因を取り除く事前対策も重要である。

次に社会的阻害要因とは、大震災が発生したとき、スーパーやイベント会場などで客を優先的に避難させることにより、避難誘導をした人が逃げ遅れるような事例がそれにあたる。それは住民の避難を優先して対応する消防士や警察官、市役所職員などのファーストレスポンダーなどにも起きうる。また家族間でも、学校や職場にいる家族が戻ってきてから一緒に避難しようとして、津波や洪水から逃げ遅れるという事態が発生する。津波や洪水の発生など、時間との闘いの中で、家族の帰りを待って避難するというのは正しくない対応だ。そうした逃げ遅れをなくすために、群馬大学の片田敏孝教授（現在は東京大学教授）は岩手県釜石市で「津波てんでんこ」の言い伝えにならって、家族や友達を待ってから避難するのではなく、各自がそれぞれ避難しようということを小中学生とその家族に伝える教育を行った。東日本大震災では多くの子供たちやその家族がそれを守り、多くの命が救われたのであった。

最後に心理的阻害要因とは、被災者の心理的要因によって避難行動が阻害されるもので、「正常化の偏見」「未経験・無知」「経験の逆機能」が挙げられる。「正常化の偏見」とは、正常化バイアスや正常性バイアスとも呼ばれる現象で、大災害が発生しても「この地域は大丈夫だろう」「自分は助かるだろう」と楽観視することである。防衛本能の一つで、人は危機が発生しても最悪の事態、つまり自分が巻き込まれて大ケガをしたり、死んだりすることを想定できない、「自分事」にできない心理的なバイアスを持っている。その結果、危機事態時でも行動を起こさなくなるのである。また「未経験・無知」は、大地震や大津波を経験したことがない、また、勉強したり学んだりしたことがないために知識がなく、どのような対応行動をとればよいかわからない状態のことである。「経験の逆機能」とは、もっとも厄介な現象である。人間は過去の経験則に基づいて行動する生き物である。大地震や大津波を過去に経験したことがある住民の中にも、「これまでの津波はおよそ一時間後に来た」とか「前回の津波は五メートルだったので今回もそれくらいだろう」という過去の経験則に基づいた判断をし、過去の事例を超える事態が発生したときに、逃げ遅れてしまう人がいるのである。実際は、震源の距離が近ければ津波は三〇分以内に到達する可能性はあり、また地震の強さによって津波は一〇メートルにも一五メートルにもなることもある。

これらの三つの心理的阻害要因を人々の心の中から取り除くためには、社会教育が欠かせない。そのためには、クライシスコミュニケーションのあり方を平常時に改善し、社会教育を実践するリスクコミュニケーションが不可欠だ。しかしクライシスコミュニケーションには限界があり、それは、これまでの危機管理がクライシスコミュニケーション対策に偏ってきたことの弊害によるものでもある。

「行動をどう変えたか」という視点

危機事態では、危機に関する情報が人々に伝達され、相手に情報が伝わっただけでは意味がない。人々が行動をとることでその命を救えるのである。図表9で示したクライシスコミュニケーションのモデル図も、最後の段階で国民や市民の対応行動が発生して初めて、このクライシスコミュニケーションが成立することを示している。

また、コミュニケーションといっても、情報の流れを示しただけの「情報伝達モデル」的コミュニケーション観では、クライシスコミュニケーションもリスクコミュニケーションもうまくいかない。コミュニケーションは、相手に情報を伝えるだけではなく、相手に力を及ぼし、相手に意識や行動の変容をもたらす、「言語行為」的側面を持つ。ジョン・オースティンが「言語行為論」で示したように、言葉は力を持つ。そしてコミュニケーションとは、その言葉によって力を行使することを意味するというのが、言語行為論の考え方である。例えば、コミュニケーションにおける「命令」とは、相手を指示した通りに動かす非常に強い権力を持つ言語行為である。また「依頼」とは、相手に自分の要望を伝えてお願いすることで、相手の行動が変容するように促すやや強い権力を発生させる言語行為である。

実際、そうした「命令」や「依頼」という強い権力関係が発生することを避けるために、普段の社会生活において人は直接的に命令したり、依頼したりする表現を避けて、「質問」したり、可能性を問うことによって間接化した表現をする。これを、ジョン・サールは「間接的発話行為」と呼んだ。直接的権力関係が発生しないように、会話の表現を間接化すればするほど、その表現は丁寧で優しくなるというのだ。

例えば食堂で、「塩をとってください」（命令）と言うより、「塩をとっていただけますか」（依頼）と言うほうがより間接的で丁寧となり、「塩はありませんか」（質問）と言ったほうがより間接的でより丁寧になる、という言語方略である。英語表現では「塩に手が届きますか」という間接表現さえある。

これは、英語文化圏だけでなく、フランス語、ドイツ語でも、そして日本語にも存在するコミュニケーション方略である。このことは裏返すと、言葉には力があり、直接的に表現すればするほど、互いに力を及ぼし合う権力関係を顕在化させるということを意味している。そうしたコミュニケーション的な要因に加えて、さらにその両者の人間関係という文脈、背景のコンテクストが加わることによって、より強い権力関係を顕在化させる。それは男女間においても、上司と部下の間でも、先生と生徒の間でも、発生する権力関係であり、パワハラやセクハラ、アカハラを生み出す温床ともなるのである。

こうしたコミュニケーションにおいて、オースティンは言語行為のプロセスを、発語行為、発語内行為、発語媒介行為という三段階に分けた。人が相手に対して発言する段階が発語行為であり、その発語のメッセージ自体がコミュニケーションを通じて相手に伝わる状況を発語内行為と呼び、その結果、相手が何らかの意識の変容を起こし、行動を起こす状況が発語媒介行為である。コミュニケーションで重要なのは、そのコミュニケーションの結果どのような発語媒介行為が発生したか、ということである。語用論（プラグマティクス）の分野のコミュニケーション観ではこのように考えることができる。

態度変容と行動を引き起こす「説得コミュニケーション」

新型コロナウイルス感染拡大による緊急事態宣言は、市民に対しては外出自粛、学校には休校措置を要請し、企業に対してはリモートワークの促進や休業を「要請」した。この「要請」というのは、「お願い」という意味であり、政府から国民へのお願いのコミュニケーションであった。安倍首相（当時）が連日記者会見や、テレビやインターネットなどのメディアを通じて、国民に直接語りかけることによって行われた取り組みは、社会心理学の分野では、「説得コミュニケーション」と呼ばれる。相手に対してお願いしている方向性で意識や態度、行動を変容させるように図るためのコミュニケーション方略である。

最初の緊急事態宣言が発令された二〇二〇年四月、当時の専門家会議は、人々に行動変容を繰り返し訴えた。それは、公衆衛生学的な観点から感染拡大予防のための、手洗い、咳エチケットの推奨であり、密集・密接・密閉の「三密」を避けることであり、人と人との間隔を空けるソーシャル・ディスタンスの推奨であった。これも人々の生活行動を変容させるための説得コミュニケーションである。リスクコミュニケーションとは、このような説得コミュニケーションの側面を持っている。この説得コミュニケーションが上手く機能して、市民が自らの意識や行動を変容させて、感染予防のためのこうした望ましい行動をとることができれば、感染拡大を防ぐことができる。それゆえ、新感染症パンデミックの対策では、「説得コミュニケーション」が重要なカギとなる。

この説得コミュニケーションは、これまで社会心理学の分野で盛んに研究されてきた。例えば、言うことを聞けば、よいことがあるとインセンティブを与えて相手に行動変容を促す「報酬説得」のコミュニケーション方略。反対に、言うことを聞かなかったら、悪いこと恐ろしいことが起こると相手を脅すことにより、行動変容を促す「恐怖説得」のコミュニケーション方略。これはアメとムチの論理である。危機管理におけるリスクコミュニケーションでは、災害やテロ、ミサイル、新型コロナウイルスのように、具体的な脅威を示し、その恐怖を煽ることによって対応行動を引き出す、恐怖説得コミュニケーションの手法が用いられる。一度目の緊急事態宣言において日本社会では法的拘束力はないにもかかわらず、市民は政府の要請を受け入れ協力したことによって感染者数を減らすことに成功した。専門家会議メンバーの一人、北海道大学（当時）の西浦博教授（現在は京都大学教授）が、「このまま何もコロナ対策をしなければ死者四〇万人が発生する」、「感染者、死者を減らすためには人との接触を八割減らさなくてはならない」というメッセージとシミュレーションのデータを発表したことが、恐怖説得コミュニケーションの効果をもたらしたとも考えることができる。

ほかにも、最初に大きく強い要求を出して相手に断られた場合に、少しずつその条件を下げて相手が受け入れやすくする「譲歩的説得」のコミュニケーション方略もあれば、反対に、最初は小さく弱い条件から相手にお願いをして受け入れてもらい、その後、少しずつその条件を大きく強くし、それを繰り返すことによって、最終的に非常に大きく強い条件を引き受けさせる「段階的説得」のコミュニケーション方略もある。二〇二〇年一月頃に新型コロナウイルスは日本国内に入ってきたが、二月から三月にかけて安倍政権は出入国管理と防疫検疫体制の強化などの水際対策を講じなかった。また安倍政権は緊急事態宣言を出すことにも慎重であり、三月に日本医師会や全国知事会から緊急事態宣言を出すことを要請されるまで、また世論調査で緊急事態宣言を出すべきだとする意見が八割に達するまで、緊急事態宣言を出さず、戦術的な小さな感染予防対策の積み重ねを続けてきた。私権制限を伴う強い法律である新型インフルエンザ等特別措置法に基づいた緊急事態宣言を、一月や二月の段階で発令する指示を出していれば、安倍政権は世論やメディアから大きな批判を浴びたかもしれない。しかし、大きな戦略級の対策である緊急事態宣言を出さず、小さな戦術級の対策を時間をかけて積み重ねてきたことによって、我慢を重ねながら、最終的に、安倍政権は日本医師会や全国知事会、野党やメディア、世論からも「緊急事態宣言を出すべし」という要求を引き出すことに成功したのである。これは、説得コミュニケーションの方略でいえば、「段階的説得」の手法と考えることができる。

ほかにも「権威説得」コミュニケーションなどもあり、これは、その分野の権威と呼ばれる人が社会に説明し、説得することによって人々から信頼を得て説得を成功させる方略である。また高度に専門的な知識を用い、専門性を示すことによって相手を説得する「専門説得」コミュニケーションも存在する。この「権威説得」と「専門説得」は危機管理のリスクコミュニケーションにおいても極めて重要である。危機事態においては政府の政治家や官僚だけでなく、その政策に関わる権威的な専門家が登場する。大震災などの自然災害においても災害の専門家が存在し、原発事故においても原子力の専門家が存在する。テロリズムやミサイルなどの国民保護事案においてもその分野の専門家が存在し、戦争・紛争の安全保障についてもその分野の専門家が存在する。そうした専門家は、政府や官庁の記者会見だけでなく、テレビ報道のコメンテーターとして、また新聞報道での解説コメントでも必ず登場する。こうした危機事態は、専門的で科学的知識を伴う難しい問題であるため、これらの権威的な専門家の知識や発言が、対策において重要な意味を持つ。それは、この新型コロナウイルスのパンデミックでも同じであった。最初に結成された専門家会議から、分科会へ組織構造は改革されてきたが、尾身茂会長や岡部信彦副会長をはじめとして、感染症の専門家や公衆衛生学の専門家が、日々記者会見やテレビ報道、新聞報道に登場して、社会に対して説得コミュニケーションを展開したのである。これは「権威説得」であり「専門説得」であるが、多くの国民、市民がそれを信頼し受け入れてきたのである。

このように、様々な説得コミュニケーションの方略が社会的に構築され、それは危機管理においてもリスクコミュニケーションの分野で活用されている。しかし、この説得コミュニケーションは危機管理に限られたものではない。政治や選挙、経済やセールス、広告、または学校の教育の現場でも、家族の中でも、恋愛でも、就職活動でも、社会のあらゆる場所であらゆる文脈において使われているのである。

第3章　社会教育としてのリスクコミュニケーション

「稲むらの火」が現代に伝えるもの

現在の日本が直面している最大の自然災害のリスクは、首都直下地震と南海トラフ巨大地震である。首都直下地震では、震源や規模によって様々な想定があるが、東京湾北部を震源とする想定では死者一万五〇〇〇人、東京の湾岸地域では大規模に地盤沈下し、住宅密集地では大規模な火災が発生して火災烈風による被害がおよぶとされている。また、南海トラフ巨大地震では内閣官房の想定で最大で死者三二万人とされている。南海地震、東南海地震、東海地震が連動して発生するプレート型地震であり、西は鹿児島県から東は千葉県までの広範囲で巨大地震とそれに伴う大津波により甚大な被害が想定されている。具体的には高知県黒潮町で最大約三四メートル、静岡県で約三〇メートルの津波など、太平洋岸の地域が巨大津波によって壊滅されると予測される。現在の日本における最大の自然災害リスクが南海トラフ巨大地震であり、長期予測では三〇年間に発生する確率が七〇%から八〇%と発表されている。

そこで近年再び注目を集めているのが「稲むらの火」の物語である。これは、江戸時代末期の安政南海地震による大津波に立ち向かった濱口梧陵《はまぐちごりょう》と村人たちの実話である。当時の紀州藩広村《ひろむら》（現在の和歌山県有田郡広川町）で醤油醸造を営む当主であった濱口梧陵は、大地震の後に津波が発生することを直感し、村人たちに声をかけ、高台にある村の神社ま

写真3　和歌山県の広川町役場に建つ濱口梧陵の銅像

で避難させた。夜になり、何度も襲う津波に対して逃げ遅れた村人たちに避難する道を示すため、収穫したばかりの稲の束を山にした「稲むら」に火をつけさせ、それによって照らされたルートに沿って、逃げ遅れた村人たちは高台の神社までたどり着き、生き残ったのである。大地震発生後の濱口梧陵の行動が、多くの村人の命を救ったのである。

「稲むらの火」の物語はそこで終わるが、大事なのはここからである。濱口梧陵は津波被災により生活できなくなった村人に対し、村の家や田畑の再建のために、私財を投じて村人の復興の作業に給料を支払った。村人の労働により土を盛った長距離で大規模な堤防が完成し、紀州藩広村は復興した。そのとき村人が建設した広村堤防は、昭和の南海地震によって発生した大津波から、実際に村を守ったのである。

濱口梧陵は、青年期、江戸の佐久間象山の象山塾で学んだ。そこで同窓であった勝海舟と親交を深く結んだ。佐久間象山は「和魂洋才」という言葉を生み出すほど、幕末の尊王攘夷運動のさなかにありながら、西洋の近代科学、科学技術を日本に取り入れることを社会に訴え、私塾での教育で実践した。そこで学んだ者の中には濱口梧陵や勝海舟のほかにも、吉田松陰、小林虎三郎、山本覚馬らがいる。会津藩出身の山本覚馬は幕末の混乱で失明しながらも、維新後、京都府議会議長として、同志社大学を設立した新島襄を支援し、西洋科学の教育の普及に協力した。長岡藩出身の小林虎三郎は戊辰戦争によって荒廃した長岡を復興するために支給された米百俵を、住民に配るのではなく、国漢学校の設立に活用した。米百俵は食べたらそれまでだが、教育に投資すればそれは長くこの地域の復興と幸福に役立つと考えたのである。この物語は「米百俵」として世に知られている。この国漢学校からは、のちの連合艦隊司令長官である山本五十六らが輩出している。勝海舟はこの象山塾に学び、咸臨丸によるアメリカ渡航を経験し、海洋国家日本を支える操船術を教育するために現在の神戸に海軍操練所を開設した。土佐藩出身の脱藩浪士、坂本龍馬はここで勝海舟に学んでいる。吉田松陰は江戸留学中、象山塾で学んでいる最中に来日した黒船を目の当たりにして、黒船に乗り込みアメリカに渡ってその科学技術や軍事を学び取ろうとした。これは松陰の起こした黒船密航事件であり、その師の佐久間象山も連座して蟄居を命じられた。吉田松陰はその後長州藩の自宅で蟄居生活のなか松下村塾を開き、身分の分け隔てなく教育を実践して、倒幕の先駆けとなる久坂玄瑞や高杉晋作、明治政府の元勲となる伊藤博文や山県有朋らを育てた。

危機の時代において教育がもたらすもの、それをこれらの先人の行動が示している。佐久間象山のもとで学んだ勝海舟、吉田松陰、小林虎三郎、山本覚馬らが新しい明治の時代を拓いたのである。同様に、濱口梧陵は安政南海地震の津波被害から、広村を復興させ、私塾である「耐久社」を設立し、復興を担う人材の育成を行った。その後、この耐久社は耐久中学校、耐久高校として地元の人材育成を担った。また現在はこの和歌山県広川町において、毎年一一月五日には「津浪祭」が開催され、田んぼに作られた稲むらに火をつけ、松明を持った住民が当時の避難場所であった広村神社まで練り歩く行事が続いている。またその祭りでは、地元の住民や子供たちが広村堤防に土盛りをすることで、当時の津波被害と復興に思いをはせるのである。

広川町は町おこしと津波防災教育の一環として「濱口梧陵の館・濱口梧陵記念館」と「津波防災教育センター」を設立し、濱口梧陵の功績を伝えるとともに、津波防災の社会教育の拠点としての活動を実践している。和歌山県内そして県外の児童生徒らがここで自然災害対策や防災を学び、また世界各地から見学者が訪れる。そして安政南海地震が発生したこの一一月五日は日本では「津波防災の日」と制定された。

二〇〇四年にインドネシア沖地震津波が発生し、一万人を超える犠牲者が発生した。インドネシアもまた大地震や火山噴火、津波などの自然災害が発生する災害大国である。当時の日本政府、小泉純一郎首相はインドネシアに対する災害対策の支援を表明すると同時に、太平洋津波警報センターの設立に協力を表明した。そのとき、小泉首相と日本政府は世界に日本の物語「稲むらの火」を紹介し、津波防災のための社会教育の重要性を説いた。その結果、国連において一一月五日は「世界津波の日」と制定されている。この「稲むらの火」の物語とそれを代々受け継いでいく文化的な取り組みは、自然災害に対するリスクコミュニケーションのあり方を示している。

奇跡ではなかった「釜石の奇跡」

東日本大震災で「釜石の奇跡」と呼ばれた事例が注目を浴びた。当時、群馬大学教授だった片田敏孝氏は、震災以前から岩手県釜石市の学校で防災教育を実践していた。それは東北地方で繰り返されてきた大地震と大津波の歴史から生まれてきた「津波てんでんこ」の伝統を現代に活かすという取り組みであった。「津波てんでんこ」とは、大地震が起きて震源が海底であった場合には津波が陸を襲う、そのときには家族や知人を待ったり、探しに行ったりせず、個人がてんでバラバラに高台に逃げるという考え方である。津波発生時に、家族などが集まってから一緒に避難するようなことがあると避難に時間がかかり間に合わずに亡くなる事例が発生するが、それを避難行動の社会的阻害要因として前章で紹介した。特に職場や学校など自宅から離れた場所にいる親や子供などの家族を待ったり、迎えに行ったりすることで津波に巻き込まれて死亡する例が発生する。

片田教授は、岩手県釜石市の学校に何度も通い、津波防災の授業を実施し、その中で児童生徒たちが自分で考えることができるような様々な工夫を施した。大地震が発生したら、自分たちが津波の率先避難者になること、そのときには兄弟や家族のことは考えずに自分ひとりで避難すること。そのことを児童生徒に家庭に持ち帰らせ、親や家族と相談、議論させた。大地震が起きたらすぐに高台に避難するので、親や家族は自分たち子供のことを心配せずに、それぞれで避難してほしいと約束させたのである。その教育が繰り返し徹底され、避難訓練も実際に実施されたのちに、東日本大震災が発生した。その結果、釜石市の小学校、中学校の児童生徒たちは地震発生後無事に避難し、全員が無事であった。また児童生徒たちの家族の多くも、個別に避難でき、多くの住民の命が救われたのである。

この「津波てんでんこ」の教えは、片田教授の社会教育の実践により現代の釜石に活かされた。テレビや新聞などのメディアはこれを「釜石の奇跡」と呼び、報道して紹介したが、片田教授は「これは『奇跡』ではない」と述べている。これは奇跡ではなく、釜石市の児童生徒たちが家族とともに相談し、議論し、訓練した結果なのだ、と。

その後も、片田教授は南海トラフ巨大地震の対策のために、その津波被害が想定される和歌山県新宮市などの学校で、津波防災教育を実践している。この「津波てんでんこ」の教えは東北地方だけでなく、南海トラフ巨大地震などにおいても活きるはずなのだ。こうした先人たちの教えは、物語や言い伝えとして、そして石碑としてあるいは、祭りとして伝え続けられたりして日本各地に残されている。しかし、地域の過疎化や近代化、都市化により伝承していくことが困難になっている。各地域の災害や戦争などの危機に関わる歴史と記憶を次の世代に語り継ぐこと、これが危機に対する社会教育の役割であり、これもまた重要なリスクコミュニケーションなのである。

学校における防災・減災教育

「稲むらの火」も「釜石の奇跡」も地域の歴史、伝統、文化に根付いた自然災害の伝承と学校教育によるリスクコミュニケーションである。現在、市民から求められているものの一つに、学校教育におけるリスクコミュニケーションが挙げられる。特にニーズが高いのが初等教育でのリスクコミュニケーションである。

地域の避難場所となる小学校や中学校は、耐震補強工事が全国的に進められた。また、地域の特性に応じた避難訓練が全国的に毎年実施されている。地域のレジリエンスを高めるための災害対策、そして防災施策は、かつては社会の頑健性(ロバストネス)を高めるための堤防工事、河川工事、山間地工事といった公共事業による工事から、耐震基準法の改正による建築物の耐震強化など技術的なハードの側面に移ったが、公共事業の見直しや環境対策の問題、またそれまでのハード対策が災害対策効果の限界を迎えたことから、現在では災害対策は情報伝達やリスクコミュニケーションなどの人々の意識や行動を変えていくソフト対策へと変容した。レジリエントな社会を構築する防災、減災の対策は、ハードからソフトへとシフトしたのである。したがって防災対策、減災対策の切り札は、地域社会や学校において、市民や児童生徒に対して防災、減災についての社会教育をいかに実践できるかにかかっている。

かつて小学校や中学校においては、自然災害だけではなく、戦争について学ぶ機会が多くあった。それは日本教職員組合（日教組）の反戦平和教育の実践の一環でもあったが、全国的に展開されていた。特に一九七〇年代から八〇年代にかけて、小学校における反戦平和教育はピークに達した。それは学校の社会の教科において独自学習として展開されたケースもあれば、学校のバス旅行や修学旅行などのイベントによって展開されたケースもある。日常的に、クラスの学級文庫にはマンガ『はだしのゲン』全巻がそろえられ、児童たちはこぞってそれを読んだ。『はだしのゲン』を通じて児童は太平洋戦争と広島の原爆投下について学んでいたのである。当時、映画化された『はだしのゲン』は小学校の夏休み期間の登校日に体育館で全校児童が視聴した。夏休みの作文の宿題のテーマは、「お爺さんお婆さんから戦争体験を聞こう」、であった。その当時の児童の祖父母はまさに青年期に戦争を体験した世代であった。

当時の子供たちが戦争を学んだコンテンツはマンガだけではない。学校では毎年、夏休みを中心に児童向け戦争映画が上映された。映画『はだしのゲン』と同様、戦争児童文学として著名な小説が映画化された『ガラスのうさぎ』、『太陽の子』なども小学校で当時上映された。こうした映画作品から、当時の子供たちは太平洋戦争を学んだのである。当然、地域差もあり日教組の影響力が強い地域、また関西圏でその傾向は強かった。こうした反戦平和教育の効果は絶大であったと考えられる。こうした教育を子供時代に受けた世代は成人してからもその反戦平和志向を強く持つ世代として現代の中高年層に存在している。令和に入り、戦争を直接経験した世代は高齢化し、その生の声を聞くことも困難な時代となった。現代の日本を生きるほとんどの世代は、あの太平洋戦争を直接的に経験していない。日本で生活する一〇代から七〇代の世代は、戦後に生まれた世代であり、それらの人々にとっての戦争は、こうした映画やドラマ、マンガ、小説によって経験したバーチャルなメディア経験である。

戦争などの危機について考えるとき、こうしたメディア・コンテンツにどのように接しているか、それが戦争のリスクコミュニケーションを考えるとき重要なカギとなる。当然、そうした映画やドラマ、マンガ、小説などのメディア・コンテンツをきっかけとして、人々は戦争に向き合い、その後、学校での歴史の授業をはじめとして、学術書や専門書などを通じて戦争について学び、考える機会を持つ人も多い。こうした非日常的な危機である戦争や大震災などを描くコンテンツは、社会教育上極めて重要な役割を果たしており、これらの利用もリスクコミュニケーションの一部として考えることができる。

自治体によるリスクコミュニケーションの難しさ

学校教育だけでなく、社会全体で危機について学ぶ社会教育のあり方が問われている。例えば、都道府県や市町村などの自治体は、災害対策基本法に基づいて、自然災害対策を中心とした、地域防災計画を策定し、冊子として配布すると同時に、自治体のウェブサイトでもPDFファイルで閲覧、ダウンロードを可能にするなど、広報活動を展開している。しかし、この地域防災計画を読むという市民はほとんどいないのが現状である。同時に、地域の防災・減災活動に重要なのが災害のハザードマップである。ハザードマップとは、自治体が専門家との研究活動を通じて、災害発生時にどの地域でどのような被害が発生するかを地図上にわかりやすく示した媒体である。ハザードマップには、地震、水害、火山噴火、津波、土砂災害などの自然災害を仮定として作成され、地図に避難所や避難経路も書き込まれていることが多い。このハザードマップは自治体の予算で作成され、各戸へ配布したり自治体のウェブサイトに掲載し、いつでも住民がアクセスできるようになっている。しかし、ハザードマップをきちんと読み込んで、災害時の避難行動を考えている住民はどれくらいいるだろうか。配布されたハザードマップを部屋に掲示したり、定期的に確認したりしている住民はどれくらいいるだろうか。

こうした自治体による住民への災害情報に関するリスクコミュニケーションは、平常時から積み上げなくては意味がないことは繰り返し述べてきた。こうした自治体の災害対策、防災対策のための社会教育、リスクコミュニケーションの媒体として、二〇一五年に当時の舛添要一都知事が東京都で発行し、全戸に配布したのが冊子『東京防災』である。この『東京防災』は三〇〇ページ超の四六判の冊子であるが、その内容は文章だけでなく、絵やモデル図、マンガなどを用い、読みやすくわかりやすい工夫がなされている。構成も、「大震災シミュレーション」に始まり、「今やろう防災アクション」「そのほかの災害と対策」、「もしもマニュアル」、「知っておきたい災害知識」などわかりやすく工夫されている。この冊子は各方面から反響を呼び、一定度の評価を得た。また東京都以外でも書店で安価で販売され、多くの市民に読まれた。

こうした絵や図解入りのわかりやすい危機管理の冊子を作るという発想は、当時の舛添要一都知事によるもので、スイスで全国民に配布された『民間防衛』を参考にしたと述べている。『東京防災』の持ち運びやすさ、読みやすいビジュアル、インパクトとわかりやすさ、という特徴は、このスイスの『民間防衛』を真似たものである。しかし、この『東京防災』とスイス『民間防衛』には大きく異なる点がある。それは『東京防災』の内容のほとんどが、首都直下地震など自然災害の防災に特化しているという点である。それに対してスイスの『民間防衛』は自然災害だけでなく、原発事故など大規模事故、またはテロリズムや戦争などの政治的危機、戦時におけるプロパガンダなど情報戦への対抗などもカバーされており、オールハザード・アプローチで国民の防衛を考えている。

スイスは他国とは一切同盟関係を持たず、独立を維持するために永世中立国を宣言しており、徴兵制による国民皆兵に基づき、退役後も予備役として戦争に備えるという軍事国家である。核兵器による核戦争に備えるため、国民にガスマスクが支給され、各家庭には地下核シェルターの設置が義務づけられ、九割以上の家庭に地下核シェルターが普及しているという特殊な国家である。それゆえ、スイスではこうしたあらゆる危機に対する危機管理の意識を国民に徹底するための社会教育が施され、そうした社会背景から生まれたのが、この『民間防衛』という教科書である。こうした危機管理や安全保障の教育が国民に徹底されている国家には、スイスやイスラエルが挙げられるが、これにはこうした両国が持つ特殊な歴史、社会背景があることも忘れてはならない。それぞれの国に、独自の危機管理や安全保障の歴史、伝統、文化がある。

組織に求められる「BCP・BCM」

現在の日本で、リスクマネジメント、リスクコミュニケーションとして重要視されているものに、業務継続計画（BCP）と業務継続運用（BCM）がある。内閣府は大災害などの危機において、各組織が担っている社会機能を継続させるために、危機においてどうしたら業務を維持・継続させられるかを平常時から検討、計画する「業務継続計画」（B

CP）の策定を指示した。それはまず自治体への指導から始まり、その後、企業へ、現在は学校や病院にも拡大した。危機が発生したときにその組織自体やそれに所属する人々の生命や生活を守るために必要な危機対応計画（ERP）も組織においては当然必要であるが、その危機対応計画の策定だけでなく、平常時から組織が担っている社会機能を危機事態においても維持できる計画が、BCPであり、それを常に維持し、マネジメントするためのマニュアルがBCMである。

例えば、大震災が発生しても、危機対応を実行するためには、ライフラインである電気や通信の機能は維持・継続されなくてはならない。つまり、電力会社や通信会社は、大震災発生時においても電力供給を維持、継続しなくてはならず、通信機能を維持、継続するための計画を立て、システムを構築せねばならない。それは鉄道や航空、バスなどの交通機関でも同様だ。大震災により鉄道やバスは一時的に不通になったとしても、素早く復旧活動を展開することでその業務を再開しなくてはならないのである。そのための計画がBCPであり、その計画を運用する活動がBCMである。自治体ではこのBCP・BCMの策定はかなり進んできたが、企業では、ライフライン系企業や交通機関など大企業においてその策定が進んできたものの、中小企業においてはまだ進んでいない。また病院や学校のBCP・BCM策定は始まったばかりで今後の普及が望まれる。

また、このBCP・BCMのあり方も、日本では問題が残されている。それは、日本の

ＢＣＰ・ＢＣＭが自然災害対策に偏っているということである。先述したように、危機管理もリスクコミュニケーションも、本来はあらゆる危機に対応するオールハザード・アプローチでなくてはならない。しかし、日本の自治体や企業のＢＣＰ・ＢＣＭではテロリズムやミサイル、戦争紛争といった政治的な危機や、情報流出やサイバー攻撃といった情報セキュリティなどには対応しきれていない。さらに、日本の自治体や企業には、新感染症パンデミックに対するＢＣＰ・ＢＣＭがほとんど存在しなかったことも、今回の新型コロナウイルスのパンデミックによって判明した。業務の継続が困難になったり、業務の形態を大幅に変更せざるを得なくなったりした自治体、企業、学校、病院が多く、日本の組織のＢＣＰ・ＢＣＭは自然災害対策偏重で、オールハザード・アプローチに基づいて構築されていなかったことが露呈したのであった。

このＢＣＰ・ＢＣＭの検討と構築も、危機管理の一環であるが、それは危機が発生したときのクライシスマネジメントとクライシスコミュニケーションをどのように運用するか、という課題を、平常時から検討、計画しておくという、リスクマネジメント、リスクコミュニケーションの機能であるといえる。

歴史を風化させない「記念日報道」

毎年九月一日は「防災の日」である。これは一九二三年九月一日に関東大震災が発生したことによるものだ。関東大震災では東京市内ならびに横浜周辺で大きな被害が発生し、建物の全半壊と火災発生により約一〇万人の死者が発生した。死者の多くが火災による焼死である。関東大震災が起きた九月一日が「防災の日」となることで、日本社会では災害対策の記念日として機能している。東京都や各地でこの日は防災訓練が実施され、災害対策を考えるためのリスクコミュニケーションの装置となっている。

二〇二一年は東日本大震災から一〇年であった。この東日本大震災では地震と津波による死者が一万八千人以上、行方不明者が二千人以上という戦後最大の犠牲者が発生したが、現在、毎年三月一一日になると、東北各地で犠牲者を弔う追悼式典が開催されている。そして被災地の現状を伝えるテレビやラジオ、新聞などによる特別番組や特集記事が報道される。一九九五年一月一七日には阪神・淡路大震災が発生し、六〇〇〇人以上の死者が発生したが、それから二六年後の現在でも、この一月一七日には兵庫県神戸市などの被災地を中心に追悼式が開催され、関西を中心にテレビやラジオ、新聞の報道によりこの震災は毎年振り返られている。このように、過去の大災害が発生した日は、その犠牲者を追悼する式典が開催されると同時に、その当日と前後の数日にわたってその大災害が振り返られるメディア報道が続き、「記念日報道」「アニバーサリー報道」と呼ばれる。

この記念日報道は、普段は振り返らないメディアや社会が、思い出したように特集を組んで、テレビやラジオの視聴率をとるため、新聞や雑誌の販売部数を上げるためのコンテンツ消費のパターンとして批判、揶揄されることも多いことは確かである。ジャーナリズム研究、メディア研究の文脈においても、学術的批判や指摘は多くみられる。しかし年に一回でも、社会全体でその過去の歴史を振り返り、その問題を考えることで、過去の悲劇を忘れず、未来につなげるための文化的営みとして評価される側面も持っている。特に近年、過去の歴史や経験を「風化させないための努力」の重要性が指摘されている。

この記念日報道の事例は、自然災害だけではない。同じく三月一一日の東日本大震災によって発生した福島第一原発事故のような大規模事故にもあてはまる。また二〇〇五年四月二五日に兵庫県尼崎市で発生したJR福知山線脱線事故でも、一九八五年八月一二日に発生した日航機墜落事故でも、毎年その日には事故現場で慰霊祭が営まれる他に、JR西日本や日本航空は事故を繰り返さないための社員教育や研修を行っている。メディアの記念日報道や企業の社員教育や研修の実施は、過去の事故を決して忘れず、社会的にも風化させないことで、同じような事故をなくすための社会教育、リスクコミュニケーションとして機能しているといえる。

記念日報道は、ほかにもテロリズムや戦争などの政治的危機においても社会的に営まれる。毎年、八月六日は広島原爆の日、八月九日は長崎原爆の日として、現地では平和祈念式典と追悼式が開催され、それはテレビやラジオによって全国に生中継されている。そして八月一五日の終戦記念日には、毎年東京では日本政府が全国戦没者追悼式を開催し、天皇陛下や首相も出席する式典の様子はテレビやラジオで中継され、現在でもその日の正午には全国的に黙禱が捧げられている。この八月の一連の記念日の前後には、太平洋戦争や原爆に関する特集報道や特別番組が放送され、日本国民は過去の戦争について考えるという文化が根付いている。

こうした記念日報道や追悼の文化は、決して日本に限ったものではない。例えばアメリカにおいても、イギリスと戦争して勝ち取った独立記念日の七月四日は全国的に花火大会やイベントが開催され盛大に祝福されると同時に、記念日報道もなされる。第二次世界大戦においてナチスドイツからフランスを解放したノルマンディ上陸作戦の六月六日にも式典が実施され、その記念日報道も過去の大戦を振り返る機会となっている。アメリカ同時多発テロ事件が発生した九月一一日にも、現場となったニューヨークやワシントンD・Cなどで追悼式典が開催され、同時に世界最大規模のテロ事件を振り返る記念日報道が展開される。こうした現象は、日本やアメリカに限ったことではなく、世界各国で少なからず共有された文化的現象であるといえるだろう。

このように、過去の歴史的事件や業績が式典やイベント、または映画やドラマなどのメディア・コンテンツやメディア報道によって表象され、社会に共有される現象は「集合的記憶」と呼ばれる。「集合的記憶」は、国家や民族を通じて過去に発生した歴史的な事件や業績を物語化して振り返り、現代から未来に向けて語り継ぐことによって過去と現在、未来をつなぐ時間軸の統合機能を持つと同時に、同じ記憶を共有する国民や民族を空間軸で統合する機能も持つ。こうしたイベントや報道によって発生するコミュニケーションによって、社会は構築されている。災害や戦争のリスクコミュニケーションもその一部なのである。

一九九五年三月二〇日に発生したオウム真理教による地下鉄サリン事件は、その前年の松本サリン事件と同様に、記念日報道が減り、また教祖麻原彰晃をはじめ実行犯の死刑執行が進んだことによって、振り返られることが少なくなり、残念ながら日本社会の中で風化しつつある。また、一九四五年六月二三日に終結した太平洋戦争における沖縄戦とその沖縄慰霊の日も、日本全体でメディア各社による記念日報道が相対的に少なく、本土でイベントや社会教育が進まないことにより、風化の危機にあるといえる。

自然災害に対する防災、減災のため、また原発事故や航空機事故などの大規模事故を起こさないため、太平洋戦争のような戦争の悲劇を二度と繰り返さないため、こうした記念日報道により集合的記憶を再生産する作業は、社会のリスクコミュニケーションとして極めて重要な役割を今後も担っていくだろう。

「ダークツーリズム」から「ホープツーリズム」へ

記念日報道と同様に、社会における集合的記憶の形成に役立っている文化的活動に「ダークツーリズム」がある。例えば、世界で初めて原子爆弾が投下された広島は、その原爆被害を後世に伝える「原爆ドーム」や平和記念公園、平和記念資料館などが整備され、観光地として機能している。国内外からこの広島に毎年観光客が訪れ、原爆ドームを見て平和記念公園を散策し、平和記念資料館で太平洋戦争とその原爆被害について学んでいる。つまり、広島の街を観光しながら、広島に投下された原爆について知ることができるのである。広島だけでなく、長崎でも平和記念公園や大浦天主堂などで同様の学びの機会が得られるのだ。

さらに、第二次世界大戦ユダヤ人大虐殺が行われたポーランドのアウシュビッツ強制収容所も、世界中から人々がこのアウシュビッツ絶滅収容所を訪れ、現地で実際の収容所を見学しながら、ユダヤ人虐殺の実態を学んでいる。

こうした戦争などの過去の悲しみの歴史と観光を結びつけることによって、多くの観光客がその戦争について学ぶことができる観光の形はかつて「ダークツーリズム」と呼ばれた。歴史的な文化遺産が観光地化することにより、地域おこしや地域活性化を図りながら、同時にそこに観光に訪れた人々に対して、かつてその地で起きた歴史的事件について学んでもらうという社会教育的機能を果たしている。このダークツーリズムもリスクコミュニケーションの形の一つといえるだろう。

こうしたダークツーリズム的展開は戦争の被災地だけではない。旧ソ連で発生したチェルノブイリ原子力発電所事故の被災地である、現在、ウクライナ共和国にあるチェルノブイリもダークツーリズムを展開している。一九八六年の原発事故当時、旧ソ連国内で事故の実態は隠蔽され、この事故の実態は闇に包まれていた。その後旧ソ連が崩壊し、ウクライナ共和国として独立し、その過程においてチェルノブイリ原発事故とその被害の実態についての研究や調査報告は部分的になされてきたが、それでもなお不明な点は多い。民主化されたウクライナにおいてチェルノブイリの観光地化はさらに進み、現在では世界各国から観光客が訪れるようになっている。

こうした原発事故のダークツーリズムは、日本の福島第一原子力発電所事故の被災地、福島県でも始まっている。東京電力は福島第一原発事故の数年後には、当時の事故対応と廃炉の状況を積極的に公開し、十分な被曝対策を実施したうえで見学コースを設定した。また原発事故の被災地においても、警戒区域が解除されるにつれて、一部の旅行代理店やNPOが、福島第一原発事故被災地をめぐるツアーを実施してきた。また二〇二〇年には、「東日本大震災・原子力災害伝承館」が福島県双葉町に開館し、震災と原発事故に関する展示が行われている。東日本大震災は、住民の命が失われる多くの悲劇を生んだが、各被災地がそれぞれダークツーリズムの役割を果たしている。多くの小学生の命が失われた宮城県石巻市の旧・大川小学校も、現在ではダークツーリズムの見学地として重要な役割を果たしている。

このように、被災地から学ぶことは、被害を二度と繰り返さないための第一歩である。現場を自分の目で見て、そして「語り部」の話を聞くことで追体験することができる。それまで「他人事」であった被災や被害を「自分事」化することができるのだ。そして被害の悲しみを学ぶダークツーリズムは、被災後の復旧や復興を学び、新しい幸福な社会の構築を目指す、「ホープツーリズム」と呼ばれる形に変わりつつある。

失敗事例から学ぶこと

これまでみてきたように、自然災害や原発事故、テロリズム、ミサイル、戦争・紛争、感染症パンデミックなどハザード系リスクによる危機事態が発生したとき、社会においてその危機に対処するためのリスクコミュニケーション、クライシスコミュニケーションは極めて重要な社会活動であることといえる。それは危機事態において、人々の命や社会生活を守るために必要なコミュニケーションであり、そのあり方一つで、私たちの幸せな社会生活は守られることも、破壊されることもあり得るのである。

また危機事態時の、リスクを想定して備えるためのリスクコミュニケーションについては、様々な現象や事例があるが、それらすべてが成功事例ではない。むしろ失敗事例のほうが多いであろう。これらの失敗がどのような社会的混乱をもたらし、社会に分断をもたらしてきたか、失敗事例を分析して評価し、改善していくことで、よりよいリスクコミュニケーションのあり方を模索せねばならない。

リスクコミュニケーションの失敗事例としては、デマや流言がもたらしたパニック現象や風評被害の問題があるが、これは現代のフェイクニュースとポスト・トゥルースの問題につながっている。これらは、インターネットやSNSといったリスクコミュニケーションにおける新しいメディアがもたらした問題という側面を持っている。さらにこうした新しいメディア環境、情報環境において発生した危機事態の中で、インフォデミックという現象も発生している。SNSにおいて誰もが社会にメッセージを発信できる時代になった。どの情報が正しく、どの情報が間違っているのか、個人が判断することが難しくなっている。そのようなメディア環境の時代に、新しい陰謀論（コンスピラシー）が発生し、さらに社会を分断し、民主主義のあり方に暗い影を落としている。

次章からは、こうしたリスクコミュニケーション、クライシスコミュニケーションにおける阻害要因、負の側面を考察することで、それらの問題を克服するための解決策を検討し、よりよいリスクコミュニケーションのあり方を模索したい。

第4章　フェイクニュースがもたらすポスト・トゥルースの分断社会

人々はなぜパニックに陥るか

二〇二〇年の春、スーパーやコンビニエンスストアでトイレットペーパーが品切れになる現象が発生した。これは、新型コロナ感染拡大により、トイレットペーパーがなくなるといううわさがネットを通じて社会全体に蔓延したことが原因であった。そのうわさを聞いた消費者はトイレットペーパーを買いにスーパーやコンビニに殺到し、日本中の店舗からトイレットペーパーがなくなったのである。トイレットペーパーと同時に、マスク、アルコール消毒液などの衛生用品も売り切れとなり、店舗から消えた。

コロナ対策のために必要なマスクやアルコール消毒液を人々が大量に購入して備えることには合理性があるが、トイレットペーパーにはそこまでの緊急性、合理性は存在しない。トイレットペーパーがマスクの買い占めに先んじてなくなったのは、一部の人間が何らかの意図をもってネット上で拡散した「新型コロナウイルス感染拡大でトイレットペーパーがなくなる」という根拠のないメッセージが原因であった。このように、明らかに何らかの意図をもって流された間違った偽の情報のことをデマゴギー（デマ）と呼ぶ。新型コロナウイルスの感染拡大とトイレットペーパーには直接的な関連性は薄いが、「なくなる」というデマが拡大して皆がそれを信じ、買い占めに走ることによって、トイレットペーパーがなくなった。このような現象は社会心理学において「予言の自己成就」と呼ばれる。

根拠がないデマであっても、皆がそれを信じ込んで行動をとることによって、予言された結果通りのことが起きるのである。その予言を信じた者は、自分たちがその予言通りに行動したからその予言が実現したというカラクリに気づかずに、「やはり予言は正しかった」と思い込むのである。

実はこのトイレットペーパー騒動は今回に始まったことではない。一九七三年のトイレットペーパー買い占め騒動は社会にもよく知られている。当時世界で発生していたオイルショックにより、日本では物価の上昇や不況が発生した。その中で、「オイルショックによりトイレットペーパーがなくなる」といううわさが発生し、スーパーにトイレットペーパーを買いに市民が殺到した。そのニュースが新聞記事やテレビで伝えられたことが、さらにその騒動に拍車をかけ、市場からトイレットペーパーがなくなってしまった。これもやはり根拠のないデマによる「予言の自己成就」現象であり、本来は、オイルショックとトイレットペーパーの供給にはほとんど関連性はなかった。その後の社会調査、取材によりこの騒動は大阪の主婦の間で発生したうわさ話から始まったことが明らかになっている。主婦のうわさ話が口コミを通じて対面コミュニケーションのネットワーク上で拡大し、さらに新聞やテレビなどのマスメディアの報道を通じて全国的に拡散されたのである。このうわさ話には根拠がないと指摘したメッセージも流れたが、パニック現象を打ち消すほどの力は発揮しなかった。

またその同じ年には「豊川信用金庫取り付け騒動」も発生している。愛知県豊川市の豊川信用金庫にある日の朝、客が自分の預金を引き出そうと殺到したのである。これは「豊川信用金庫が倒産する」といううわさ話が広がったためである。豊川信用金庫が倒産すれば自分が預けたお金が返ってこない可能性があるので、潰れる前に自分の預金を引き出そう、と考えた市民が殺到したのであった。この「豊川信用金庫が倒産する」といううわさ話もデマであり、全く根拠のないものであった。このうわさ話は、社会調査やメディア取材の結果、電車の中で女子学生が友達につぶやいた「豊川信金が危ないらしいよ」という言葉を聞いた車両内の市民が職場や家庭、地域で広めて、一気に社会に拡大したことが明らかになった。ほぼ同じ時期に、二つもこうした騒動が発生した背景には、オイルショックや不況という社会不安があったと指摘されている。人々が社会においてリスク不安を抱えるときに、うわさ話が発生しやすく、そして社会全体に拡大しやすいという傾向がある。

このように新型コロナウイルスやオイルショックが原因で発生した「パニック的」現象には、リスク不安やストレーンが原因とされる。ラング夫妻は、パニックを「極端な利己的状態への集合的な退行現象」と定義・分析し、パニック現象が発生するプロセスを段階モデルで説明している。それは、危機が発生すると、それに巻き込まれた人々が自己保存、安全確保のために利己的な状態に回帰、退行する、それによって集団的規範が崩壊し、さらに行動の感染と相互促進作用の発生からデマがコミュニケーションを通じて社会に蔓延するという。パニック現象もコミュニケーション的行為である以上、こうした現象を抑止することもコミュニケーションにおいて実行されなくてはならない。

このように新型コロナウイルスやオイルショック、不況、経済破綻のようなリスクに対して人々がうわさ話というコミュニケーション行為を通じて対処しようとしている社会過程も、リスクコミュニケーションの一つの側面と考えることができる。

うわさの公式

オルポート&ポストマンは、著書『デマの心理学』の中で、うわさ話の流布量についての公式を提言している。「R（うわさの流布量）＝I（うわさの重要性）×A（うわさの曖昧さ）」という公式である。これは、うわさ話はそのうわさ話が人々にとって重要性が高いほど、またその話の内容が曖昧であるほど拡大する、という意味である。

また、うわさとコミュニケーション行為を研究したシブタニは、うわさを「曖昧な状況にともに巻き込まれた人々が、自分たちの知識を寄せ集めることによって、その状況について有意味な解釈を下そうとする」行為と定義している。これらのうわさ研究が示しているものは、うわさとは様々な社会状況において、人々が関心を持っている社会的事象に関して曖昧な状況に置かれたときに、人々がその社会的事象について有意味な解釈を下すために欠落した情報を補うことを目的として、他の人々とコミュニケーションしたり、情報を共有したりしようとする過程において発生する現象だということである。

人は毎日、コミュニケーションをとって生活している。朝起きてから夜眠るまでの間、人は数多くの人々と対面で会話したり、携帯電話などのメディアを通じて会話したり、メールやLINEなどインターネットを通じてコミュニケーションをとり合っている。職場で仕事をするときも、家庭で家族と過ごすときも、旅行をしたりイベントに参加したりするときも、これらすべてのコミュニティはコミュニケーションから成立している。人生において、勉強も、仕事も、恋愛も、子育ても、ゲームも、スポーツも、レジャーも、あらゆるものがコミュニケーション行為である。経済も、営業も、交通も、政治も、選挙も、教育も、広告も、芸術も、社会のあらゆる活動がコミュニケーションであり、社会はそのコミュニケーションのネットワークから形成されているのだ。これは、社会学の枠組みで考えたとき、コミュニケーションと相互作用から社会をとらえるジンメル社会学の系譜であり、ウェーバー社会学の主意主義的なパースペクティブや、デュルケム社会学の構造主義的、システム論的なパースペクティブとは異なるものである。そう考えると、人は朝起きて夜眠るまでの一日二四時間のコミュニケーションを実践し、生まれてから死ぬまでの人生の間ずっとコミュニケーションをとっていることになる。コミュニケーションとは、人生や生活を構成する単位であり、また社会を構成している単位なのである。そしてそのコミュニケーションには、人と人が向かい合って行う対面コミュニケーション、人と人がメディアを媒介して行うメディアコミュニケーション、人とマスメディアが向き合って行うマスコミュニケーションがある。

人がコミュニケーションをとるとき、相手やメディアに向き合って自らに情報をインプットする入力系と、相手に対して情報をアウトプットする出力系があるが、この考え方はかつてメディア研究において「情報行動」という表現でとらえられていた。この情報行動において、人は情報を外部から取り入れて認知過程において情報処理を行うが、その情報を正しい情報と認識した場合にそれは「ニュース」として処理され、その情報が間違っている、偽の情報と認識した場合にそれは「デマ」として処理される。この情報の真偽を判断する能力が「メディアリテラシー」である。しかしながら、その情報が正しいか、間違っているか、自分自身で判断ができない場合、人は他者とこの情報について語り合い、共有することによってその真偽の判断をしようとしたり、自分の判断が正しいかどうかを確かめようとしたりする。こうした過程がうわさ話を拡散させ、うわさ話が社会に拡大した状況を「流言」と呼ぶ。

危機事態において増幅するデマ

「流言」は危機事態でも発生する。例えば、東日本大震災後には様々な流言が発生した。大地震の影響で、千葉県のコンビナートでコスモ石油の製油所が爆発し、火災が発生した。

この火災自体は事実であるが、火災後に雨が降ったことにより、「有害物質を含んだ雨が降る」というデマが発生し、それが、ツイッターやフェイスブックのようなSNS、またはチェーンメールによって拡散され、社会に広まった。

「【拡散希望】千葉県在住の友人より、週明け雨の予報です。千葉周辺の皆さんご準備を！コスモ石油の爆発により有害物質が雲などに付着し、雨などと一緒に振るので外出の際は傘かカッパなどを持ち歩き、身体が雨に接触しないようにして下さい！！！」（ツイッターより引用、原文ママ）

このメッセージがツイッター上でリツイートされて一気に拡散し、これを読んだユーザーのフェイスブックやメール、ロコミを通じて、さらにネットワーク上で拡大したのであった。こうしてコミュニケーションを通じて拡大するのが流言である。

しかし、このメッセージはデマであった。この流言に対して、コスモ石油は公式サイト上で、この情報、メッセージは正しいものではないと発表し、コスモ石油で火災が発生したタンクにはLPガスが貯蔵されており、燃えていたのはLPガスであるため、燃焼して発生した気体が人体に影響を及ぼす可能性は極めて低いことを説明した。また、地元自治体の千葉県浦安市役所は、正確な情報に基づいて行動するように市民に呼びかけた。福田充研究室が当時実施したアンケート調査では、このメッセージをSNSやメールで読んだという人は三〇・九％にのぼった。危機事態時には、SNSやネットを通じてほんの数日の間に市民の三割にまで拡大するという流言の力を示す事例である。こうした流言が発生した場合には、当事者や関係機関、自治体や政府がデマを否定し、正しい情報を伝えてオーソライズする機能を持たねばならない。

また同じく福島第一原発事故に関連する流言も発生した。

「福島の原子力発電所で、放射能が漏れているだろうとのことです。知り合いのお医者さんから聞いた情報です。これからしばらく毎日、海藻食品を食べ続けてください。海苔、海藻に含まれるヨード（ヨウ素）を十分にとっておくと、放射能が身体に吸収されずに排出されます。」

福島第一原発から放射性物質が漏れたことにより、事故直後には様々なニュース、デマが社会を飛び交った。このほかにも、「うがい薬を服用するように」「イソジンを飲めばよい」というメッセージが、SNSやネット上で拡散され、多くの人がそれを信じて実行に移したといわれている。しかし、これもデマであった。確かに、原発事故で漏洩した放射線、放射性物質が体内に取り込まれて体内被曝するのを防ぐために、ヨウ素剤を事前に服用することは重要で、事故対策の中にもこの対応行動は組み込まれているが、海藻食品やうがい薬、イソジンに含まれるヨウ素は極めて微量であり、効果は見込めない。海藻食品を食べることは健康によいので問題ないが、うがい薬、イソジンを直接大量に飲むことは健康を害する行為であり、悪影響のほうが大きいことは言うまでもない。当時、福田充研究室が実施したアンケート調査でこのメッセージをメールやSNSで受け取った人の割合は、一二・九％であった。

この二つの事例に共通する点が四つある。一点目は、デマであるメッセージの前半部分の前提は事実であり、その事実から始まるために、人々がそれを真面目に読んでしまうという点である。二点目は、恐怖を提示して相手を不安に思わせ、信じ込ませようとする恐怖説得コミュニケーションの手法を用いているという点である。これらの事例はともに身体や命に害があるので気をつけてください、という形態をとっている。三点目は、人々にとらせようとしている対応行動が間違っているという点である。そして人々に何らかの対応行動をとらせようと具体的な指示を行っている。四点目は、その根拠となっている事象が科学的であるため、科学に疎い人にとってはその情報が正しいのか、間違っているのか正しく判断できないという点である。LPガスが燃えて気化しても人体に大きな影響はないことや、ヨウ素がうがい薬にどれくらい含まれているかという知識を持っていない限り、このメッセージがデマであると判断できない。自分で判断できない高度に専門性の高いメッセージを人が信用しやすいことは、説得コミュニケーションの中の方略の一つ、専門性説得の力がそれを示している。こうしたメッセージがデマであることを見破るメディアリテラシーの構築と社会教育、リスクコミュニケーションが求められている。

また、こうした流言を発生させる三つの特徴がある。一点目に自分の一次情報ではなく、伝聞情報の形式を持っているということだ。他の誰かが言っている、信用できる知人、医者などの専門家が言っているという伝聞情報の形をとることで、それを拡散している自分の責任を回避する無責任性がそこにある。誰もその情報が本当に正しいかどうか、自分で検証しようとしていないという問題である。二点目は、多くの人が善意でそれを他者に広めようとしているということである。確信犯的にこれをデマとして拡散しようとした事例もあり得るが、最初から善意で間違った情報を拡散しようとする事例もあり得る。自分が知ってしまった情報を、他の人にも教えてあげて注意喚起しようという善意が、間違ったデマを拡散させるというのがこの流言の問題である。三点目は、これが人間関係のネットワークを通じてコミュニケーションにより拡散していく中で、かつては対面コミュニケーションや電話の口コミだけで拡大していたものが、インターネット、SNSの普及により自分の知らない人に対しても爆発的なスピードで拡散する時代になったということにある。

ネット社会、SNS社会において、目にした情報が本当に正しい情報か、それとも間違っている情報なのかを判断するために、その情報が一次情報か伝聞情報か、その情報源が信用できる組織か個人か、そもそもその情報源が実名か匿名か、怪しい科学的情報がそこに潜んでいないかどうか見極める高いメディアリテラシーが必要である。

関東大震災における朝鮮人虐殺

危機において発生するデマは、ときとして人々の命を奪うほどの社会的混乱をもたらすことがある。一九二三年九月一日に発生した関東大震災では、一〇万人を超える死者が発生した。当時の東京は電気、ガス、水道、通信などの近代的ライフラインは整備されていなかったため、多くの家庭がガスではなく、竈《かまど》の火を使って台所で調理し、井戸の水を使って生活していた。さらに木造家屋が大半を占めていたため、大規模な火災に発展した。関東大震災の死者約一〇万人のうち約九割が火災による焼死であったとされている。

そのような状況の中で、悪質なデマが発生した。「朝鮮人や社会主義者が放火した」というデマであり、中には「朝鮮人が井戸に毒を入れたため、井戸の水を飲まないように」というものもあった。井戸水は生活用水として重要なものであり、その井戸水に毒を入れられたと信じた住民は怒り、中には自警団を結成した者もいた。そして罪のない朝鮮人の住民を大量に殺害したのである。この事件を起こしたのは一般市民であり、警察や軍隊がその暴力行為を制止しようと懸命に対応したことが記録に残されている。

これがよく知られている関東大震災での「朝鮮人流言」であるが、その背景には、普段の日常生活において体制に抑圧されている社会主義者や在日朝鮮人の人々が、この危機に乗じて危険行為を行うに違いないという差別的な感情があったと考えられる。極度の緊張状態と不安感の中で、人々が日常的に持っている差別感情を爆発させることでこうしたパニック現象が発生することを、この事件は物語っている。普段の生活においては、冷静で合理的な判断ができるはずの一般市民が、精神的に異常な状態をきたし、冷静で合理的な判断ができなくなってしまう。そして日常生活で人々が抑圧し押し隠している差別感情や暴力性が危機発生時にむき出しになり、集団的混乱が発生する恐れがあるのだ。

普段そんなことを信じるはずがない、騙されるはずがない、と考えているようなデマに対して、人々が信じ込み予想もしない行動に出ることが起こり得るのがこの非日常的な危機事態というものである。

「フェイクニュース」の増殖

これまで、デマ、デマゴギーと流言という現象について様々な研究や検討がなされてきたが、現在はこのような概念が使われなくなってきた。それは「フェイクニュース」という概念が一般化し、なかば流行語のように世界的に使用されるようになったからである。

しかし、このデマとフェイクニュースの概念は一対一の対応関係にあるわけではない。この二つの概念には共通する部分と異なる部分がある。本来デマゴギーとは、ある特定の政治的意図をもって、政治性を持った組織や個人が社会に意図的に流した偽の情報という意味で使用されていた。この本来的な意味を、狭義のデマゴギーとして理解しておきたい。しかしながら、このデマゴギーという概念がデマという表現で省略され、より幅広い文脈で使用されるようになった現代においては、その情報に政治性があるかという点、意図的に流されたという点、政治的個人・組織が流しているという点、こうした特徴は失われ、デマは単に間違った偽りの情報という意味において使用されるようになっている。これを広義のデマとして理解したい。

フェイクニュースという概念もその使用法によって、また文脈において揺らぎがあるが、学術や報道において使用されるようになった当初の本来的意味においては、デマゴギーの狭義に近いものであった。つまり、フェイクニュースとはデマゴギーと同様に、ある特定の政治的意図をもって、政治性を持った組織や個人が、社会に対して意図的に流す偽の情報、という意味で本来は使用されていたといえる。ネットやSNSに詳しいジャーナリストの津田大介氏も、フェイクニュースが国際政治の状況によって発生したという政治的側面の部分を強調し、各国政府やメディア、プラットフォーム事業者がその対策に乗り出すべきであると指摘している。そのフェイクニュースの概念がより幅広い文脈で、一般的に社会生活で使用されるようになる過程で、広義のデマのように、政治的意図の存在や、政治的組織か個人による、意図的な流布という厳密な条件がそろわない場合でも、偽の情報全体のことをフェイクニュースと呼ぶようになったということができる。

　そういう意味では、感染拡大につれて社会に流された新型コロナウイルスに関する様々なメッセージ、例えば、「新型コロナのワクチンを接種すると体が5Gに接続される」や「お湯を飲むと新型コロナの感染予防ができる」なども政治性には乏しいが広義でのフェイクニュースと呼ぶことができる。本書では、本来的な意味、狭義に基づいて、フェイクニュースの問題を深掘りしたい。

　フェイクニュースという概念が最初に注目されたのは、二〇一六年のアメリカ大統領選挙だ。有名な英語辞書である『コリンズ英語辞典』の「二〇一七年の言葉」にフェイクニュースが選ばれている。また、オーストラリアの英語辞書『マッコーリー辞書』も二〇一六年の代表的な言葉に「フェイクニュース」を選出している。フェイクニュースがこれまでのうわさ話やデマと異なる点は、それが「ニュース」に擬態しているという点である。フェイクニュースは、テレビや新聞、インターネットで流通している他のニュースと同様に、報道メディアが流したニュースの形式を使って、社会に蔓延する。

　また、フェイクニュースをクレア・ウォードルは、風刺・パロディ、偽りの関連づけ、ミスリーディングな内容、間違った内容、なりすまされた内容、操作的な情報、捏造された内容と七つのパターンに類型化している。このようにフェイクニュースには多様なパターンがある。

二〇〇八年のアメリカ大統領選挙で勝利した民主党のオバマ大統領（当時）は、フェイスブックなどのSNS、ソーシャルメディアを活用して、数多くの若者を動員し、少額の寄付をネットを通じて集めながらその支持を伸ばして大統領選挙に勝利した。その八年後、民主党のヒラリー・クリントン候補が圧倒的有利とされた大統領選挙で勝利したのは、共和党のトランプ候補であった。アメリカの大統領選挙では毎回互いの陣営が相手の候補者を攻撃するネガティブキャンペーンが展開されるが、二〇一六年の大統領選挙でトランプ候補の陣営がとった手法が、フェイクニュースであったことが明らかになっている。

よく知られているフェイクニュースに「ローマ教皇がトランプ候補の支持を表明した」というものがある。キリスト教信者に対して絶大なる影響力を持つバチカンのローマ教皇の言動は、大統領選挙にも大きな影響を与えうる。しかしこのニュースの発信元は、「WTOE5ニュース」と名乗るサイトで、トップページに堂々と自らのページ掲載のニュースは風刺、空想が大半であると掲載している。つまり、このサイト自体がフェイクニュースを社会に送り出すフェイクサイトだったのである。しかし、フェイクニュースが様々なサイト、SNSのメッセージに拡散していくうちに、どこが情報源なのかわからなくなり、フェイクニュースであるのか、フェイクニュースではないのか不明瞭になってアメリカ社会に広範囲に拡大したのである。

この事例が、フェイクニュースが社会の中で自己増殖していく過程をよく表している。

まず、意図的にフェイクニュースを掲載した偽のニュースサイトを、同様の偽ニュースサイトが引用し、相互にリンクしながらアクセスを増加させ、人々からの注目を集める。こうした偽のニュースサイト同士の連携していく過程は「マイクロ・プロパガンダ・マシン」とも呼ばれる。その次の段階で、偽のニュースサイトの相互リンクによりアクセス数を増やしながら、ツイッターやフェイスブックなどのSNSに拡散を広める。そのときツイッターの大量のボットが同じフェイクニュースを拡散し、それらが利用者にリツイートされることでネットワークを通じて拡大していく。二〇一六年の大統領選挙では、「オバマ大統領はケニア生まれである」といったフェイクニュースや、ピザゲート事件で有名な「ピザショップでの小児性愛行為にヒラリー・クリントン候補が関与している」といったフェイクニュースが拡散され、多くのアメリカ市民がそれを信用した。

様々な研究から明らかになってきたのは、フェイクニュースは真実のニュースよりも速く広く社会に拡散するという特徴である。そうであるならばフェイクニュースがデマであることを示し、否定する情報を発表する必要があるが、そのフェイクニュースを否定するニュースよりも、フェイクニュースのほうが拡散する範囲が広く、拡大するスピードも速いという特徴がこの問題の難しさを示している。正しい情報と偽の情報を区別し、フェイクニュースを否定するオーソライズすることが難しくなっているのだ。

ハイブリッド戦争の「武器」としてのフェイクニュース

二〇一六年のアメリカ大統領選挙では、トランプ候補を勝利させることを目的としたロシア政府の干渉、介入も明らかになっている。いわゆるロシア・ゲート問題である。報告書により、具体的にロシアの関与とされているものには、様々あるが、なかでも極めて重大な問題となったのは、民主党とヒラリー・クリントン陣営のメールがハッキングされ、その内容が社会に暴露され問題化した事例である。特別検察官ロバート・モーラーは二〇一八年にロシア政府とともにこの事件に関与したロシア人関係者を起訴した。そこで明らかにされたのは、ロシア連邦軍参謀本部情報総局(GRU)の構成員が民主党本部をハッキングしたという事実、ロシアに亡命したジュリアン・アサンジがかつて創設した世界の国家機密などを暴露するサイト「ウィキリークス」とも連絡を取り合っていた事実、ロシアのネット工作組織である「インターネット・リサーチ・エージェンシー(IRA)」がそれらの工作に関与していた事実である。そしてそれらにトランプ候補選挙陣営がつながっているという指摘もなされた。

ほかにもフェイスブックから八七〇〇万人分の個人情報がケンブリッジ・アナリティカ社に渡り、選挙活動に利用された事例にもロシアの関与が疑われている。ケンブリッジ・アナリティカ社はGAFAなどのプラットフォームや、SNSなどのビッグデータからユーザーの消費行動を分析するマーケティング企業であった。こうした個人の消費行動や個人情報をスマホやネットの利用歴からトレーシングすることにより、経済におけるマーケティング活動に活かすように、その技法を政治における投票行動の予測や効果に活かすのがこうした企業の活動である。こうした企業を使うことにより、ロシアがアメリカ大統領選挙でトランプ陣営に有利になるよう、フェイスブックに大量の予算を投じて大規模な政治的広告が掲載された事例も報道、報告されている。インターネット・リサーチ・エージェンシー（ＩＲＡ）もこれに関与しているとされている。ほかにもロシア政府はスプートニクやロシア・トゥデイ（現ＲＴ）などのプロパガンダ機関やフェイクメディアを数多く所有し、サイトやＳＮＳを活用して大量のフェイクニュースを拡散した。

ロシア政府がアメリカ大統領選挙に干渉してトランプ候補を勝利に導くための工作でフェイクニュースを用いたように、すでに現代のフェイクニュースは、他国の政治状況に関与してその政局や政策を変更させる政治工作としてのインテリジェンス活動の一部である。

当然、こうしたインテリジェンス活動、政治的情報工作はロシアだけが行ってきたことではない。ピューリッツァー賞を受賞したニューヨーク・タイムズの記者ティム・ワイナーが著した『ＣＩＡ秘録』での調査報道が明らかにしたように、ＣＩＡ（アメリカ中央情報局）もまた戦後様々な政治工作、情報活動を世界各国で展開してきた。また、ジェイムズ・バムフォードが『すべては傍受されている』で当時暴露したように、ＮＳＡ（アメリカ国家安全保障局）もまたエシュロンなどを中心にした世界的な情報収集活動をするなど、アメリカもこうした政治的情報工作を実行してきた。これらは、NSAやCIAで実際に活動したエドワード・スノーデンがその実態を暴露した、スノーデン事件でも世界的に知られることとなった。ほかにもイギリスではMI5やMI6が、イスラエルではモサドが、こうしたインテリジェンス活動に従事している。

フェイクニュースは、現代においてこうしたインテリジェンス活動による政治工作の道具の一つとなっている。同時に、ロシアが実行した上記のような活動は、従来のインテリジェンス活動を構成するヒューミント（HUMINT: Human Intelligence スパイなど人間同士の情報交換や工作による活動）、シギント（SIGINT: Signals Intelligence 電話やメールなど通信技術を用いた通信傍受、監視活動）、イミント（IMINT: Imagery Intelligence 軍事衛星や監視カメラなどの画像・映像情報を用いた活動）、オシント（OSINT: Open Source Intelligence テレビや新聞などのマスコミ報道、政府や官庁が出す刊行物、大学や研究機関による論文などオープンにされた情報を用いた活動）といったあらゆるタイプのインテリジェンス活動を融合させた情報工作活動である。ロシアが実行しているのは、これらの工作が総合的に融合されたインテリジェンス活動であり、さらにこうしたインテリジェンス活動に加えて社会全体でのの広聴活動、インターネット、SNSを通じた社会全体にフェイクニュースを蔓延させる工作、プロパガンダ活動などによる総合的な情報戦である。

かつては政治と外交、さらにその延長線上にある戦争を勝ち抜くためには軍事力が重要な手段であり、さらにはその国家の政治力や経済力といったハード・パワーが戦争と国際関係を決定するとみられてきた時代があった。しかしながら現代においてはそれだけではなく、ジョセフ・ナイも指摘したように、国際的な影響力を発揮しうる文化、メディア、情報の力といったソフト・パワーを用いて他国に影響を与えることが可能な時代となった。こうしたすべての要素を統合した「ハイブリッド戦争」という概念が一般的になった。このハイブリッド戦争を実践している国家の一つがロシアであり、フェイクニュースを用いて他国の世論を操作し、プロパガンダに利用することが戦術として確立された。フェイクニュースはハイブリッド戦争の最も重要な兵器であり、インターネットとSNSの時代において、フェイクニュースによりその国の世論を分断して、社会を混乱させることが可能になったのである。

アメリカ大統領選挙に干渉したロシアの事例から、民主主義国家ほど、フェイクニュースに弱いことがわかる。それは、フェイクニュースを管理し、排除することが言論の自由によって困難だからである。

ポスト・トゥルース時代を支えるフィルターバブル

アドルフ・ヒトラー率いるナチスドイツの宣伝大臣であったヨゼフ・ゲッペルスは、

「嘘も百回言えば本当になる」と述べている。これはデマゴギー、フェイクニュースでも、何回も繰り返して言い続けることにより、社会に広がり、それを信用する人が多数になれば「社会的な真実」となるというプロパガンダの鉄則を示している。

トランプ大統領（当時）は二〇一七年の就任後の政権立ち上げ初期に、スティーブン・バノンを首席戦略官などのポストで重用した。バノンは軍人やビジネスの世界で活躍したのち、「ブライトバート・ニュース」の編集主幹として、大統領選挙中のトランプ候補をプロパガンダやキャンペーンで支え、大統領当選に大きく貢献した。このバノンは「ブライトバート・ニュース」で相手候補者をヘイトスピーチやデマで攻撃することによってトランプ候補の支持を伸ばすことに成功した。

フェイクニュースを戦略的に用いて大統領となったトランプ氏は、就任後にCNNなどのテレビニュースチャンネルや新聞社などの報道機関から批判的な報道を受けるたびに「ニュースメディアこそフェイクニュースだ」とテレビ局や新聞社を攻撃した。大統領自身がフェイクニュースを利用していると批判するマスメディア、ジャーナリズムと、そのマスメディア、ジャーナリズムの報道こそがフェイクニュースだと非難するトランプ大統領。一体このどちらが正しいのか、市民にはそれを判断できる能力が問われている。

二〇一七年一月のトランプ大統領就任式後、スパイサー報道官（当時）は「就任式に集まった人数が史上最大を記録した」と発言し、事実と異なるという批判をメディアから浴びた。トランプ大統領の就任式に集まった聴衆の人数は、それまでの大統領就任式と比較して圧倒的に少なかったのである。それに対して、ケリーアン・コンウェイ大統領顧問がメディアの前で述べた言葉が「大統領就任式の参加人数について、私たちはオルタナティブ・ファクトについて表現したのだ」であった。政権とそれを報道するメディアがお互いをフェイクニュースだと罵り合い、政権の発表が虚偽であると指摘するメディアに対して、政権はこれをオルタナティブな事実、もう一つの真実であると言う社会状況。これがポスト・トゥルース（ポスト真実）という現象、状況である。

ポスト・トゥルース（ポスト真実）とは、かつて「事実」とされるニュースが一般市民の中で共有されそれが揺るぎない事実の体系、価値の体系を構築していた近代社会というものがあったと想定されている考え方である。そうした社会において、メディアが進化し、インターネットやSNSが普及したことによって誰もが等しく情報を発信し、入手できる社会になったとき、そしてそうした社会においてフェイクニュースが蔓延したことによって、どのニュースが正しいのか、何がフェイクニュースなのか判断がつかなくなってしまう社会や時代を、ポスト・トゥルースは指すと考えられる。

そのポスト・トゥルース社会においてフェイクニュースが信用されてしまう理由は、もはやその情報が正しいかどうかではなく、自分にとって好ましいかどうかという基準で判断されるようになってしまうことによるものである。つまり、ニュースとしての真偽の判断よりも、自分がそれを好きかどうかという感情に支配されるのがポスト・トゥルース社会なのだ。

人が自分の信念に合うもの、好ましいと思う情報に優先的に接して、そうでないものを避ける傾向があるというのは、現代では認知バイアスの一つ「確証バイアス」としてよく知られるが、これは昔から社会心理学の分野ではレオン・フェスティンガーの「認知的不協和の理論」として有名な現象であった。認知的に自分の信念と不協和が発生する情報を避け、自分の信念に合致する情報を好むのである。その結果、人は情報に対して選択的に接触し、選択的に解釈し、選択的に記憶するという認知的過程を経て、都合のいいように情報を捻じ曲げて利用することができるようになる。

インターネットの時代、そしてウェブ2・0のメディア、SNSの時代においてこの傾向はより強固なものとなりつつある。フェイスブックやツイッター、インスタグラムなどのSNSにおいても、人は好きな人、役に立ち必要な人だけをフォローし、嫌いな人、不快なものをフォローする必要はないのである。

キャス・サンスティーンがその著書『インターネットは民主主義の敵か』で提示した概念が「エコーチェンバー」(echo chamber)である。これは字義通りだと〝反響する小部屋〟のことを意味するが、インターネットやSNSを使用していると、自分と似た意見や考え、趣味、関心を持った人同士ばかりがフォローし合ってつながることによって、自分が何かメッセージを発しても、自分の考えに共鳴する意見ばかりが返ってくるようになることを意味している。つまり、インターネットやSNSは世界につながる広いネットワーク構造を持っているようで、実際は似た者同士だけがつながっているタコツボ化した島宇宙の閉じたネットワークになっているという状況を表している。

また、イーライ・パリサーが著書『閉じこもるインターネット』のなかで提唱した「フィルターバブル」(filter bubble)の概念は、ネットやSNSのユーザーがGAFAなど様々な情報プラットフォームにおいてその行動がマーケティング的にトレーシングされることで、自分にとって最適で必要な情報ばかりが提供される情報環境が自動的に構築され、そのバブルの中で情報フィルターを経たものばかり与えられるようになる現象を指している。

ネットやSNSの情報環境の中で、人はそのニュースが事実かどうかではなく、感情的に好きかどうか、信じられるかどうかの判断基準を優先するようになり、真偽の判定よりも、感情の動きのほうが重要だと感じている。そしてその社会はもはやフェイクニュースでさえない「オルタナティブ・ファクト」がエコーチェンバーやフィルターバブルの中で反響する社会であり、ポスト・トゥルース社会なのである。

第5章　危機におけるインフォデミック

何が正しいのかわからない時代

新型コロナウイルスのパンデミックは、世界中で多くの尊い命が失われたという意味で、医学的、公衆衛生的な面でグローバルな危機であるといえるが、グローバル経済に大きなダメージを残したという意味で経済的危機の側面も持ち、同時に国際関係、安全保障の面において政治的な対立も生み出している。

例えば、新型コロナウイルスの発生源をめぐる問題について、アメリカと中国の間の対立は緊張の度合いを深めている。二〇一九年一一月頃、中国・武漢において「謎の新型肺炎」が発生したという情報が世界中に流れたのはその年の終わり頃であった。そこから武漢で新型コロナウイルスが感染拡大し、中国政府はロックダウンを実行した。新型コロナウイルスは韓国、日本などアジアに感染拡大し、ヨーロッパや南米、アフリカと世界に感染拡大を続けた。当時のアメリカ、トランプ大統領はこの新型コロナウイルスのことを「武漢ウイルス」と呼び、中国由来のウイルスとした上で、WHO（世界保健機関）に発生源の調査を要求し、アメリカのインテリジェンス機関にも発生源を特定する調査を指示した。トランプ大統領はこれだけ世界に被害をもたらした新型コロナウイルスについて、中国政府に対して「責任をとらせる」とまで発言した。当時、このウイルスは武漢のウイルス研究所で研究されていた生物兵器であるとするニュースも流れたが、これはそののち科学的な調査により人工的に製造されたウイルスではないと否定された。当時、この「新型コロナウイルス生物兵器説」は陰謀論の類であると世界的にみなされるようになった。その後、中国の市場で売られていたコウモリから発生した自然のコウモリ由来の新型ウイルスであるとする説が有力視されたが、この説も、否定する報告書が出るようになった。

世界中で新型コロナウイルスに関する研究、調査が続けられる中で、ヨーロッパの国々において下水の調査結果から新型コロナウイルスが二〇一九年一一月以前にヨーロッパに存在していたことが示されるなど、中国起源説が揺らぐ事態が発生し、それに対し中国政府が新型コロナウイルスはアメリカが由来で、そのアメリカから中国に持ち込まれたとする姿勢を示した。新型コロナウイルスの発生源をめぐり米中が激突する中で、トランプ政権からその座を継いだバイデン大統領は、WHOに対して武漢での再調査を要求し、アメリカのインテリジェンス機関にも再調査を指示した。一方で、二〇一九年一〇月に中国武漢で世界軍人体育大会が開催されており、世界中の軍隊から軍人チームが競技を行ったが、この大会にはアメリカ軍も参加している。この軍人体育大会によって、アメリカから武漢に新型コロナウイルスが持ち込まれたとする中国と、この軍人体育大会によって中国武漢の新型コロナウイルスが一気に世界に拡散したとする説が対立している。この新型コロナウイルスの発生源をめぐる議論も、世界各国が対立する情報戦の様相を呈している。

これだけ近代科学が進化し、これだけインターネットやSNS、スマートフォンなどのメディアが進化して世界がつながった現代においても、新型コロナウイルスの起源、発生源には人類は未だ到達できていない。それは政治的な対立が生み出す障壁によって阻まれている。社会において何が正しいニュースなのか、危機において何が正しい情報なのか、それは政治権力によって真相が隠され、歪められているのである。これもポスト・トゥルース社会の特徴である。

新型コロナウイルスとインフォデミック

新型コロナウイルスが感染拡大する世界において、インフォデミック（infodemic）という言葉が流行し、一般的に使われるようになった。インフォデミックとは、新しい感染症が世界にパンデミックをもたらし拡大していくように、危機において社会全体で様々な情報が発生し、拡散されていく過程の中で、どの情報が正しくてどの情報が間違っているのか、わからなくなる状況のことを指す造語である。

新型コロナウイルスという新しい感染症が発生して世界中に感染拡大する中で、この新感染症がどのような特徴を持ち、どのような対策が有効なのか、初期段階では模索が続いた。世界で大量の市民が感染している状況下で、二〇二〇年の初期で日本人の感染者数や死者数が他国と比べて相対的に抑えられている時期には、「ＢＣＧを打っている人は感染しない、重症化しない」という説が一部のメディアで報道されたり、「日本人はすでに集団免疫を獲得している」といった説がネット社会で広まったりした。実際の治療の現場となる医療の世界のことでも、「新型コロナウイルスの治療にはレムデシビルが有効である」という情報や「イベルメクチンを用いた治療に効果がある」といった情報が日々メディア報道によって伝えられた。しかし、新しい感染症である新型コロナウイルスに対して、どのような情報が医学的に、感染症対策的に正しいのか、一般市民には判断が難しい。それは私たち一般市民は高度な医学的知識を持たないからである。

このようなインフォデミックの発生は、今回が初めてではない。福島第一原発事故においても、似たようなインフォデミックの状況が発生した。放射性物質の漏洩により、原発周辺の土地や環境がどれくらい汚染されたか、その周辺地域でつくられた農作物、食べ物がどれくらい安全なのか、客観的な調査と科学的分析によって検証されたデータが公開され、報道されても、人々の不安はなかなか解消されず、東北地方の農作物や観光に経済的な被害を与える「風評被害」が発生した。

また、二〇二一年には菅義偉首相（当時）が福島第一原発の「処理水」を二年後に海洋放出することを発表してメディア報道されたが、そのことは隣国である韓国や中国から大きな批判を受けることとなった。国際原子力機関（IAEA）の国際基準を満たした安全な処理水を海洋放出することは各国が行っていることであり、国際的に認められているとする日本政府と、その基準や手続きの不透明性から批判する韓国、中国との関係は平行線をたどっている。東北地方の漁業関係者からも海産物への風評被害を懸念して、海洋放出に反対の声が挙がっている。

農作物から検出される放射性物質の基準は本当に正しいのか、原発処理水の海洋放出は本当に安全なのか、この問題も高度に科学的であるため、一般市民には判断が困難だ。この福島第一原発事故と、新型コロナウイルスの問題に共通するのは、両方がともに「未知の危機である点」そして「高度な科学的知識が必要となる点」である。未知であること、高度な科学的知識が必要になることは、危機において人々がリスク不安を感じる重要な要素として、社会心理学においても明らかになっている。

明らかなデマ、フェイクニュースに対しては、その情報が間違っているということ、フェイクニュースであるとする打ち消しの情報を、判断能力と権威ある組織が発表することがリスクコミュニケーション上極めて重要である。だがその情報が明確に科学的に間違っている、フェイクニュースであると判断できないような状況においては、こうした情報のオーソライズ機能が果たされなくなる。これらの新型コロナウイルスに関する情報は、正しいかどうかを判断できないまま一つの仮説として、メディアが社会に報道しているのである。

危機管理とは、その危機事態の発災期においては常に「最悪の事態を想定する」ことが鉄則であり、「想定外を作らないこと」が求められる。よって、その時々で考えられる可能性をすべて排除せず、起こりうることの一つとして選択肢の中に確保し、状況分析において、かつ対策構築において科学的根拠に基づいて適切な選択肢を戦略的に選び取ることが求められる。そういう意味では、危機対応の過程において、考えられるオプション、可能性のある情報を最初から排除してしまう姿勢は失敗につながる。だからこそ、社会の中でこうした様々な立場から多元的な情報が発生する状況は、民主主義社会においては決して悪くはなく、むしろ望ましい状況である。非常に多くの情報の中から、この情報収集と、情報分析、調査と科学的検証によって、正しい情報、的確な知見を選び出していく過程が必要であり、これはある種のインテリジェンス活動であると同時に、リスクコミュニケーションの過程であるともいえる。同時に、極めて科学性の高い問題については、科学者や専門家が、市民に対してわかりやすく解説し、説明する科学コミュニケーターによる科学コミュニケーションが求められている。メディア報道はこうした科学コミュニケーションを実践する重要なリスクコミュニケーションの実践なのである。

メディア形態の進化と変容

一九六〇年代、アメリカ国防総省ペンタゴンにある国防高等研究計画局（ＤＡＲＰＡ）が開発した世界初のパケット通信網「ＡＲＰＡネット」はアメリカ国内の大学研究室によってインターネットに進化した。米ソ冷戦構造の時代の核開発競争、ミサイル開発競争、宇宙開発競争を経て、アメリカはソ連に核ミサイル攻撃を受けた場合を想定した情報通信ネットワークの開発に着手し、それまでの中央集中処理型ネットワークから並行分散処理型ネットワークによる画期的なシステムが完成、それがインターネットであった。そのインターネットが日本に上陸したのは一九九五年のことだった。それまでの日本には「NIFTY-Serve（ニフティサーブ）」や「PC-VAN（ピーシー・バン）」といったパソコン通信が存在したが、社会に広く普及していたわけではなかった。

そのインターネットが上陸するまでの日本は、従来のテレビや新聞、ラジオといったマスメディアが主流の時代であった。紙の新聞は一般家庭では一紙だけ購読するのが普通であった。朝日新聞をとる家庭、読売新聞をとる家庭、家庭でとる新聞だけに目を通して、他の新聞を読むことは少ないのが、それまでのメディア環境であった。災害や感染症、戦争、テロリズムなどの危機が発生しても、その新聞で報道されるニュース、そこに登場する専門家は一つの記事に一人か二人である。新聞は雑誌や本と同じように紙で、冊子の形に物理的に存在しているパッケージ・メディアである。情報の形式、様態を意味する情報モダリティの側面でいえば、新聞は目で活字テクストを読む活字モダリティのメディアである。

一方、テレビにもニュース番組やワイドショーなど報道番組はある。例えば、朝のワイドショー番組は各局ほぼ同じ時間に放送され、夜のニュース番組も各局とも近い時間帯に放送されるため、一つの家庭、一つのテレビで見ることができる番組はその場そのときの生活空間の中では一つであった。生活習慣としても普段よく見るニュース番組、ワイドショー番組には習慣性があり、よく見る番組は決まっていることが多かった。そのかつてのテレビ視聴環境の中でも、テレビニュース番組やワイドショー番組に登場する専門家の意見に多様性はあまりなかった。テレビやラジオといった放送メディアは録画、録音しない限り、映像や音声が時間軸で流れて消えていくフロー・メディアである。また情報モダリティの側面からいえば、ラジオは耳で聞く音声モダリティのメディアであり、テレビや映像を目で見て音声を耳で聞く映像モダリティと音声モダリティから成るマルチ・モダリティのメディアといえる。これが一九九五年のインターネット上陸以前の日本の一般的なメディア環境であった。

しかし、インターネットの時代において、世界のメディア環境は激変した。新聞や雑誌、書籍、マンガなどのメディアは紙以外に、パソコンやスマートフォン、タブレットなどでも読めるようになり、新聞や雑誌はパッケージ・メディアではなくなった。またテレビ番組もインターネットによる放送と通信の融合により、ネットを通じてアクセスする動画データとなった。一回の放送で流れて消えてしまうフロー・メディアではなくなったのである。さらにインターネットを通じて、世界各国の新聞、テレビニュースにアクセスできるようになり、メディア環境のグローバル化も進展した。またＹａｈｏｏ！ニュースなどのプラットフォームにアップされるニュース記事は多様であり、様々な新聞の記事、テレビニュースが並列的に掲載されている。こうしてかつて固定化していた購読新聞、視聴番組の垣根は崩壊し、ユーザーが購読する新聞、視聴するテレビニュースの種類は飛躍的に増加したのである。

その後、インターネットのウェブ2・0化により、誰でもブログやソーシャルメディアを通じて情報を発信できる時代がやってきた。かつての新聞やテレビなどマスメディアだけがニュース・情報の送り手であり、一般市民はニュースや情報の単なる受け手であった時代は終わったのである。こうしてウェブ2・0の時代において、ユーザーはツイッターなどのSNSではフォローしている数だけの新聞社やテレビ局のニュースを同時並行で見ることができるようになり、ユーザー自身が自分のSNSのアカウントから情報を発信できる時代となった。インターネットもSNSなどソーシャルメディアも、それまでの紙の新聞や雑誌のようなパッケージ・メディアでも、テレビやラジオの放送メディアのようなフロー・メディアでもない新しいデジタル・ネットワークのメディアとしての特性を兼ね備えている。それはネットワークにより時間と空間を超えたコミュニケーションを可能にしているという特性であり、新聞や雑誌のような活字モダリティだけでなく、テレビやラジオなどのような音声モダリティ、映像モダリティをすべて包含したマルチ・モダリティのコミュニケーションを可能にしているという特性である。

そして社会の様々な問題に向き合うジャーナリストや研究者、医師、弁護士、政治家などの専門家自身が自分のツイッターアカウントや、ユーチューブアカウントを持つことによって、数多くの専門家が自分の意見、見方を社会に発信できるようになり、市民はテレビや新聞などのマスメディアを媒介することなく、直接そうした専門家とつながることができるようになった。インターネットの進化によって社会における多様な個人や専門家が、多様な見方を自由に発表できる社会、メディア環境において、人々が多様な意見に直接アクセスできるメディア環境が整い、「情報の民主主義」が実現した。

と同時にこのことは二つの問題を示した。一つ目はインターネットによって「情報爆発」と呼ばれる世界規模の情報量の増大化がもたらされたことだ。二つ目は社会に流通発信される情報の種類や意見も多様化した。こうして政府が発表する情報、ニュースによって何が正しく、何が間違っているかをオーソライズできた時代は終わりつつある。新聞やテレビニュースが発信する情報、ニュースが正しい情報であるという幻想が崩壊し、新聞やテレビが「マスゴミ」と揶揄されて信頼度をが損なわれつつある。政府や自治体などの公的機関、新聞やテレビなどのマスメディアによる、情報のオーソライズ機能が低下することにより、様々な社会問題について何が正しく何が間違っているかといった真偽の判断かがわかりにくい、市民の一個人で判断できない社会が到来し、インフォデミックを発生させる温床となっている。

インターネットのコミュニケーション特性

世界規模の「情報爆発」を引き起こしたインターネットは、コミュニケーションの形を変えることによって、社会構造を変革する作用をもたらした。ノードとリンクからなるネットワーク構造は、ノルベルト・ウィーナーによる「サイバネティクス」の原理の一つである。これはサイバー空間においてコンピュータと機械が通信と制御によって情報が伝達できるように、現実社会における人間の身体や精神の構造、人間関係や社会構造のあり方についても、ネットワーク的思考によって分析が可能になるという考え方である。その結果、サイバー空間と現実社会は互いに影響を及ぼすようになった。そういう意味では、かつての現実社会とサイバー空間の位相の違い、二項対立はその両者の相互作用のスピードアップにより無意味化し、その両者の違いはもはや本質的なものではなくなった。インターネットやSNS上のコミュニケーション特性が現実社会に影響を及ぼすという形で、その両者の間の壁は崩れたのである。だからこそ現代社会がどのように変容するかを考えるとき、インターネット、SNSという技術がどのような特性を持つかを考えなくてはならないのだ。

コンピュータと通信によるコミュニケーションはかつて、CMC（Computer Mediated Communication）と呼ばれ、コミュニケーション研究における重要課題であった。CMC

とは、コンピュータを媒介したコミュニケーションの全体を指す概念である。これには、狭義ではインターネットを介したメールのやりとり、WWW（World Wide Web）によるウエブサイトへのアクセス、ユーチューブなど動画投稿サイトでの動画視聴、LINEでのメッセージのやりとり、ツイッターやフェイスブック、インスタグラムなどSNSでの情報のやりとりなどあらゆるコミュニケーションが含まれる。より広義の意味でいえば、IoTの時代においてネットワークにつながった家電や車もCMCに含まれ、またAIやビッグデータ、ロボティクス、ドローンといったイノベーション・テクノロジーに関わる活動もすべてCMCと呼ぶことができる。

ここからは狭義のCMCにおけるコミュニケーション特性について考えていきたい。一九八〇年代後半から九〇年代にかけて、インターネット初期において考察されたコミュニケーション特性には、ネット上での匿名性によって社会的属性の無化、社会関係の無化が発生して対等なコミュニケーションが実現するという言説が一般的であった。こうした特性は、インターネットによる自由な議論の促進、民主主義と自由に資する新しいコミュニケーション形態の誕生として評価された反面、ネット上でディスコミュニケーションが多発し、その結果、炎上（フレーミング）や誹謗中傷、個人攻撃などの問題が起きやすくなるといったマイナス面の批判も出た。また、ネット上での匿名性が高く対等な関係における議論は、集団極性化現象（Group polarization）をもたらし、極端な結論を導きやすいといった問題も明らかになった。これはリスキーシフト（risky shift）とも呼ばれる。

インターネットによるCMCにはなぜこうした負の側面が発生するのかがこれまでもCMC研究において検討されてきた。ソーシャル・プレゼンス理論（Social Presence Theory）ではインターネットにおいてコミュニケーションする相手の姿が見えない、社会的存在感、プレゼンスが伝わらないことによって、遠慮のない率直な言動が発生しやすくなると説明する。また、ソーシャル・コンテクスト・キューレス理論（Social Context Cue-less theory）では、インターネットにおいて高まった匿名性から相手の性別や年齢、職業、社会階層などの社会的文脈、背景が見えなくなることによって、フラットなコミュニケーションが成立すると同時に、社会的抑制が利かなくなり、攻撃的になったり、自分勝手な言動をとったりするようになると説明される。さらにインフォメーション・リッチネス理論（Information Richness Theory）では、情報量の多い対面コミュニケーションと異なり、モダリティの観点でもメッセージ量の観点でも情報量が少なくなるCMCではお互いの真意が伝わりにくくなりディスコミュニケーションが発生しやすくなると説明される。インターネット上のコミュニケーションにおいてなぜ炎上や集団極性化現象が発生しやすくなるのかについては、こうしたCMC理論によって説明がなされてきたのである。

インターネットやSNS上での個人攻撃、誹謗中傷、名誉毀損は現在も繰り返されている。ここ最近でも、学校などの裏サイトにおけるいじめが後を絶たない。また、企業や大学など様々な組織でもトラブルを発生させ、芸能人や有名人への誹謗中傷、個人攻撃も繰り返されている。日本では、二〇二〇年にテレビ番組「テラスハウス」出演時の言動をめぐり、ツイッターなどで個人攻撃を受けたプロレスラーの木村花さんが自殺したことが大きな社会問題となった。木村花さんをSNSで誹謗中傷した男性は侮辱罪により書類送検され、裁判においても事実認定された。こうしたSNSを通じた有名人への誹謗中傷は世界各国で発生している普遍的な現象である。

また、インターネットやSNSはヘイトスピーチや差別発言の温床ともなっている。神奈川県相模原市のやまゆり園大量殺傷事件を起こした植松聖容疑者は、この障がい者施設の元職員であり、障がい者に社会の税金を使うのは無駄であり、障がい者は社会に迷惑をかけているので生きている意味はないとする旨の供述をし、事件前には同じ要旨のメッセージを当時の安倍晋三首相や衆議院議長に対して手紙で送付していた。植松容疑者はネットを通じてナチスドイツの優生思想を知り、そのコミュニティの中で差別意識を強めていった。こうした植松容疑者の発言は障がい者を差別したヘイトスピーチであり、そうした差別感情をもとにしたこの犯罪はヘイトクライムである。

在特会（在日特権を許さない市民の会）による在日韓国人・朝鮮人差別によって発生した

各地でのデモも人種差別をもとにしたヘイトスピーチである。こうした人種差別は日本においても昔から存在していたが、現代的展開においてはこうした在特会やネトウヨ（ネット右翼）によってインターネットやSNSを通じて拡大した。実際にこうしたヘイトデモはネットやSNS上で拡散され、参加者を増やすという影響をもたらした。しかし、インターネットやSNSはこうした差別やヘイトスピーチを拡大させるだけではない。在特会によるヘイトデモに反対するためのカウンターデモも、差別に反対する団体や市民から発生し、拡散された。ネットやSNSは社会の差別やヘイトスピーチと闘うためのプラットフォームでもあるのだ。

そのことを象徴しているのが、アメリカで発生したBLM運動（Black Lives Matter Movement）である。これはアフリカ系アメリカ人の中で発生した黒人差別と闘う運動である。二〇二〇年にアメリカのミネソタ州ミネアポリスで白人警官が偽札使用容疑でとらえた黒人男性のジョージ・フロイドさんの首を膝で押さえつけ死亡させた事件が発生し、その動画がSNSにアップされ、拡散されたことによってジョージ・フロイド事件は全米で大問題となった。白人警官による黒人差別であるというSNS上での市民たちの訴えが拡大し、アメリカの各地で反黒人差別のデモが発生した。この動きは、かねてよりあったBLM運動と結びつき、ハッシュタグをつけた「#BLM」のメッセージとともに世界中に拡散され、デモも世界に拡大した。これはインターネットやSNSが反差別や人道主義に基づいたデモンストレーションとしても活用される可能性を示している。

実際、こうした反人種差別の運動も、LGBTQなどの性差別問題、セクシャル・ハラスメントやパワハラなどに関する様々なコンプライアンス問題に対する行動（#MeToo）、さらにはグレタ・トゥーンベリさんらを中心とした気候変動に関する運動、プラスチックごみなど環境問題に関する運動なども、インターネットやSNSを通じてグローバルな規模で展開されている。インターネットやSNSは、こうした世界の人道主義、自由や人権を守るための運動や価値を促進する力を持っていることも忘れてはならない。

現代では、社会で発生した事件、問題に対してユーザーが倫理的な正義感からインターネット上やSNSにおいて個人や組織をバッシングする現象も一般化した。この問題が複雑であるのはこうしたバッシングを行う個人が、自分自身が倫理的に正しいと考え、正義感に基づいて攻撃をしているという点である。さらにはその個人や組織が過去においてどのような発言をしていたか、行動をしていたかを監視し、過去の問題発言や問題行動を発見してネットやSNS上で倫理的に追及することにより社会的に糾弾するという現象が一般化した。こうした現象をベンジャミン・クリッツァーは「キャンセル・カルチャー」と呼んでいる。こうしたキャンセル・カルチャーは、東京五輪の開催や開会式の演出をめぐる担当者に関しても発生し混乱をもたらした。

こうした誹謗中傷や個人攻撃、差別やヘイトスピーチが横行するのがネットやSNSであり、同時にそれらをなくすためのカウンター運動が展開されるのもまたネットやSNSなのである。ネットやSNSにおける誹謗中傷や個人攻撃をなくすための法律化の議論は日本でこれまでも繰り返し行われてきた。そうした議論を経てヘイトスピーチ規制法は成立したが、ヘイトスピーチを行ったことに対する罰則は存在していない。また、こうしたネット上、SNS上での問題発言を監視し、規制すべきであるとする統制的な立場と、日本国憲法と現行法制度の枠組みの中で「表現の自由」は守られるべきであるとする立場の対立が存在する。「表現の自由」は、その他の様々な市民の自由と基本的人権と同様に、民主主義において極めて重要な価値であり、この表現の自由の価値に基づいて、現実社会やネット空間においても自由に表現され、議論される過程の中で、危険な問題発言は排除され、発言や議論の公共性や倫理観というものが醸成されていくべきであるとする考え方は「思想の自由市場論」と呼ばれる。ネットやSNSにおいても表現の自由を守りながら、誹謗中傷、個人攻撃、ヘイトスピーチをなくす努力が求められる。

こうした個人攻撃、差別発言などのメッセージが社会で拡大する現象も、より広い意味でのインフォデミックと呼ぶことができるだろう。インターネットやSNSなどのネットワークを通じて蔓延していく過程もインフォデミックであり、こうした問題をなくすためのリスクコミュニケーションのあり方が問われている。

閉じていくネットワーク

インフォデミックを生み出す条件の一つとして、本書ではインターネットやSNSがもたらす情報爆発の現象を挙げた。現代は常に情報やニュースが溢れているが、人々はそれらの情報のすべてにアクセスし、目を通すことはできない。生活行動の面から考えれば、人々の生活は一日二四時間で、人生の時間も有限なのである。また人間の認知過程の面から考えれば、人が目や耳などの感覚器官で処理して神経を通じて脳において処理できる情報には限界があるという「認知過程の制限容量仮説」からも説明できる。

人々はこの情報爆発の時代に、どんな情報にもすぐにアクセスできるスマートフォンを手にして生活している。そこで大量の情報の中からどのように情報量を縮減しているのか、そしてその情報の取捨選択をどのような基準で行っているのか、人々はどんな情報に注意を向けるかという「アテンション・エコノミー」の考え方が注目されている。

広告研究でかつてよく知られたＡＩＤＭＡ理論は、広告が人々にどのようにリーチしてどのように購買行動、消費行動に結びつくかを人々の認知行動過程の側面から説明したものである。情報に対するＡ（注意：attention）からＩ（関心：interest）が発生し、Ｄ（欲求：desire）が生まれて、Ｍ（記憶：memory）に残り、Ａ（行動：action）が引き出されるという過程である。この消費者の注意を引きつけることができる広告、そして関心を引き出し、欲求を生み出して記憶に残り、購買行動につながる広告のあり方が求められた。しかしこれはあくまでも新聞やテレビなどのマスメディアの時代に考察された過程であり、インターネットの時代のモデルではないという批判から、新しいモデルが次々に誕生した。例えばAISAS理論は、A（注意：attention）、I（関心：interest）、S（検索：search）、A（行動：action）、S（共有：share）の過程から成り、インターネットの時代において、人々は注意を向け関心を持ったものをネットで「検索する」ことで行動を決定し、その後、ネットにシェアして人々と経験を「共有する」とするモデルである。さらに、SIPS理論はソーシャルメディア、SNSの時代に電通のクリエイターが考察したモデルである。S（共感：sympathize）、I（確認：identify）、P（参加：participate）、S（共有・拡散：share & spread）という過程である。SNS利用がメディア利用行動の中心となってきた時代に、人々は感情により共感し、それをネットで確認したうえで参加し、その経験を人々と共有し拡散するというのが現代の情報行動のモデルだとする考え方である。

人々は、関心のある人や知人をフォローし、そのフォローしている人の関心のあるメッセージをリツイートすることでメッセージを拡散する。ときには「ハッシュタグ（#）」を付けたメッセージによりさらに広い範囲でメッセージを拡散させる。そうしたSNSユーザーの中でも、多いフォロワーを持ち、多くのフォロワーにメッセージを伝えて影響力を持っている人は「インフルエンサー」と呼ばれ、かつて「オピニオンリーダー」と呼ばれた存在に近い。かつてのマスメディアの時代においてもテレビや新聞などの情報は直接受け手に影響を与えるのではなく、一度オピニオンリーダーに影響を与え、その後、オピニオンリーダーから個人への直接的で対面のコミュニケーションによって影響を及ぼすという「マスメディア二段の流れ」と呼ばれるマスコミ効果モデルがあった。カッツ&ラザースフェルドはかつてそのようなオピニオンリーダーによる個人的な影響力のことを「パーソナル・インフルエンス」と呼んだ。

インターネットやSNSによる情報が大量に溢れている現代。人々がどのように情報を縮減して効率的なメディアコミュニケーションを行っているかを考えるとき、現代のSNSユーザーは個人的な知人と好きなインフルエンサーをフォローしている人が大半だということが調査研究で明らかになっている。つまり、多くのユーザーはSNS上で極めて閉鎖的な島宇宙化した閉じたネットワークの中で生活しているのである。

「エコーチェンバー」という、自分の好ましい情報だけに囲まれる情報環境の中で生活する現代人。その中で集団極性化が発生するのと同時に、「フィルターバブル」が極端化してバブル同士を分断するのが、現代のネットにおける分断社会である。また、マスメディアだけでは、若者、SNSユーザーには伝わらず、さらにSNSで情報発信してもエコーチェンバーで反響するだけでそのチェンバーやバブルの外には拡散しないというジレンマがある。そしてそれはリスクコミュニケーションを妨げている問題の本質となっている。

第6章 陰謀論と民主主義の危機

陰謀論によって分断されたアメリカ

二〇二一年一月六日、建国以降初めて、アメリカ合衆国議会議事堂が多数の群衆に取り囲まれ襲撃を受け、侵入されるという事件が発生した。その状況はアメリカのテレビ局によって生中継され、CNNなどのニュースチャンネルによって全世界に報道された。

群衆らは二〇二〇年のアメリカ大統領選挙における選挙人の投票結果を認定し、ジョー・バイデン候補の勝利、大統領就任を確定させる手続きが進められる議会議事堂を襲撃し、その確定を阻止しようとした。議会を襲撃した大量の群衆の多くは、選挙で敗れたトランプ大統領の支持者であった。トランプ大統領は、この大統領選挙の投票会場や開票活動において各地の選挙区で不正が行われたという主張を繰り返し、自らのツイッターやフェイスブックなどSNSを通じて、支持者に向けて訴え続けていた。実際に選挙の開票作業における不正の証拠だとして示された写真やそれを扱ったニュースは、フェイクニュースであったことも判明している。しかし、トランプ大統領とその陣営が流したフェイクニュースを信じた支持者たちは、バイデン候補の大統領就任を阻止しようと各地で抗議デモを展開した。一月六日の当日も、ホワイトハウス周辺ではトランプ大統領の支持者たちが「Save America」というイベントを開催し、そこにはドナルド・トランプ・ジュニアやルドルフ・ジュリアーニ元ニューヨーク市長らも参加していたとされている。アメリカのオルタナ右翼団体であるプラウド・ボーイズなどが中心となって議会を警備する警官隊と衝突し、議会に侵入した。

この議会襲撃事件には「Qアノン」の信奉者たちも多く含まれていた。Qアノンとはアメリカにおいてインターネットを通じて拡大した陰謀論のネットワークである。アメリカにはディープ・ステート（陰の政府）が存在するとし、その陰の政府を操っているのが民主党政府高官やそれを支持するリベラルなセレブリティーであり、その中で横行している悪魔崇拝や小児性愛と闘うことがこのQアノンの使命である。トランプ大統領こそがその悪の組織と闘う英雄であり、そのトランプ大統領を崇拝し支持することでディープ・ステートによる支配を打破して世界を解放するというのがQアノンの目的であり、自分たちこそが真の正義の組織であると信じている。この特徴をみれば、Qアノンがカルト信仰であり、荒唐無稽な陰謀論の類であることは明白であるが、アメリカではこれまで大量の信者を獲得してきた。このQアノンは二〇一七年頃にインターネットの画像掲示板「4chan」に匿名のQによって書き込まれたメッセージから始まったとされている。ピザゲートに関する陰謀論がネット上で拡大している頃と同時期である。こうしてQアノンはインターネットやSNSを通じて、拡大してきた。

こうした熱狂的なトランプ支持者であるオルタナ右翼のプラウド・ボーイズや、カルト信仰のQアノンが先導して民主主義の命でもある議会議事堂が多数の暴徒により襲撃され、多くの逮捕者と負傷者が発生した。この事件に危機感を抱いたトランプ大統領は、選挙結果を認め、事実上の敗北宣言をするに至った。インターネットやSNSで拡大した陰謀論がアメリカの市民を分断したことは、陰謀論が民主主義に対する大きなリスクであることを示している。民主主義が市民の対話、コミュニケーションによって成り立っているように、陰謀論もまたネットやSNSを通じたコミュニケーションによって発生し、拡大し、社会に浸透し、民主主義を蝕んでいるのである。

歴史的事件の裏には必ず陰謀論がある

Qアノンとトランプ大統領によって世界的に注目された陰謀論であるが、陰謀論的な事象は歴史的に昔から存在していた。また世界各地でみられる文化を超えた普遍的な現象でもある。例えばもともと中世ヨーロッパの石工職人のギルドであったフリーメイソンが世界を牛耳っているというのもよく知られた陰謀論であり、都市伝説に近い。フリーメイソンのシンボルマークである定規とコンパスのマークが、石工職人の組合から始まったことを意味していて、その組合が友愛団体として多様なメンバーを包摂しながら拡張し、ヨーロッパ各国に拡大したとする説もある。またこのフリーメイソンがフランス革命に深く関わったとする説や、アメリカの独立戦争に関わりアメリカに伝播し定着したという説、ナチスドイツがフリーメイソンを敵対視して弾圧したという説などもある。世界史的な事件の裏には必ずフリーメイソンの存在があったという陰謀史観が形成され、このフリーメイソンのネットワークが世界を動かしている陰の世界的権力であるという壮大な陰謀論が信じられているのである。

フリーメイソンと似たものに「三百人委員会」という陰謀論がある。三百人委員会とはイギリスに設立された秘密結社で、陰の世界政府として人類をコントロールしていると考えられている。このように陰謀論とは、世の中で隠されている真の事実があり、それが陰の存在として世界をコントロールしているとする同一の物語構造を持っていることがわかる。フリーメイソンも三百人委員会も、Qアノンの思想もその点では同様の特徴を持っている。

歴史的に脈々と続く陰謀論は第二次世界大戦後のアメリカにも事欠かない。例えば、ジョン・F・ケネディ大統領の暗殺事件をめぐる陰謀論も有名であるが、ケネディ大統領を殺害したのはオズワルド容疑者ではなく、CIAであるとする陰謀論は世界的に有名である。また、ビートルズ解散後にニューヨークで生活していたジョン・レノンがダコタアパートでファンの男性に射殺された事件も、背後にはCIAの存在があったとする陰謀論も有名である。この二つの陰謀論の共通点は、世界的なアイコンであるリーダーの殺害の背後にはCIAの暗躍があるというストーリーである。また二〇〇一年の9・11アメリカ同時多発テロ事件では、この事件はアルカイダの犯行ではなく、アメリカ政府による自作自演の事件であるとする陰謀論がアメリカ社会に広く拡大した。アルカイダによってハイジャックされた航空機が激突したニューヨークのワールド・トレード・センター・ビルが二棟とも崩壊したシーンはテレビカメラを通じて世界に中継されたが、航空機の激突だけであの巨大ビルが構造的に崩壊することはなく、これはアメリカ政府が自作自演の証拠隠滅のためにビル内部から爆破したことにより崩壊したとする説が流され、多くの信奉者を獲得した。

日本にも陰謀論はある。例えば、太平洋戦争において日本軍の真珠湾攻撃をアメリカ軍は事前の通信傍受により知っていたが、ルーズベルト大統領は真珠湾を見殺しにして日本軍に攻撃させ、アメリカ世論に訴えて国民の支持のもとに第二次世界大戦に参戦したというものである。日本軍が攻撃した時の真珠湾アメリカ軍基地には重要な戦艦や空母がいなかったというのがその証拠である、というのがその信者が示す状況証拠である。しかしこの説はアメリカ政府からも多くの戦史研究者たちからも否定されている。また一九八四年の日航ジャンボ機墜落事故にも陰謀論が存在する。墜落した日航機は事故にあったのではなく、自衛隊機によって撃墜されたとする説である。ほかにも、三億円事件にまつわる陰謀論、オウム真理教にまつわる陰謀論、グリコ森永事件にまつわる陰謀論など、歴史的に有名で謎めいた事件には必ずといっていいほど都市伝説に近い陰謀論が発生してきた。日本史のレベルにおいても、織田信長が明智光秀に暗殺された本能寺の変に関しては、徳川家康黒幕論や、明智謀反を豊臣秀吉は知っていたとする説など様々な見方が提示されている。

こうした都市伝説的な陰謀論の特徴としては、不可解な謎を解きたいというミステリー要素や、もしそうだったら面白いという娯楽的欲求が背後にあると考えられる。またQアノンなどのように陰謀論はオカルト信仰やカルト信仰などとも親和性がある。

新型コロナウイルスと陰謀論

巨大な危機が発生したときにデマやフェイクニュースが発生することはこれまでも紹介してきたが、そうした危機事態においては陰謀論も発生する。例えば東日本大震災のときも、この巨大地震はアメリカ軍の地震兵器によって引き起こされたもので、トモダチ作戦もその地震兵器の威力を調査、検証に来たものであるとする陰謀論が発生した。一般的な知識と良識を持っていれば、そのような地震兵器などこの世には存在しない、ということは理解できるはずである。しかし、実在した発明家ニコラ・テスラが新しいエネルギーを研究し地震兵器を開発していたとする陰謀論を知っている人々は、このテスラの地震兵器が東日本大震災で実際に使用されたのだというように、過去の陰謀論と新しい事象を結びつけることで新しい陰謀論が生まれるのである。

この傾向は新型コロナウイルスのパンデミックにもあてはまる。新型コロナウイルスは中国武漢のウイルス研究所で作られた生物兵器であるとする説も、当初は陰謀論であると否定された。それは、初期の研究と分析によって新型コロナウイルスのDNAの塩基の配列やその特徴が人工物ではなく、自然由来のものだと結論づけられたことによる。しかし、陰謀論の問題は別として、新型コロナウイルスが人工物でなかったとしても、ウイルス研究所から研究中の自然由来のウイルスが外部に流出したという可能性は残されており、バイデン大統領がアメリカの情報機関に対してその調査と情報分析を指示しているのも、その点が解明すべき重要ポイントであるためである。

新型コロナウイルスのパンデミックで陰謀論の問題が深刻なのは、ワクチンをめぐる問題である。これまで、インフルエンザやコレラ、ポリオなど様々な種類の感染症においてもワクチンが開発され、ワクチン接種によって多くの命が救われてきた。しかしながら、基礎疾患や体質によってワクチンには一定程度の副反応が発生する事実があり、それがもとで亡くなった事例もある程度の規模で存在するため、ワクチン接種に対して否定的な態度を示す専門家、医師、一般市民も多く存在する。そうした新型コロナウイルスのワクチンについて「ワクチン接種が自閉症の原因となる」という情報が世界中に拡大した。この情報に関しても、医学の専門家の中から否定的な見解が示されているため、一般的にも否定されつつある状況である。これは新型コロナウイルスをめぐる陰謀論というよりもインフォデミックの状況を示す事例ともいえるだろう。それゆえに、新型コロナウイルスのパンデミックにおいては、そのワクチンに対する市民のリスク不安を取り除いて積極的に接種してもらうための社会教育、メディアキャンペーンなどのリスクコミュニケーションが実施されており、これは命を救うための極めて重要な取り組みである。

しかしながらある種の反ワクチン運動と結びついた悪質な陰謀論も存在する。例えば「新型コロナワクチンはmRNAワクチンという特殊なワクチンなので、DNAを書き換えて遺伝子組み換え人間にする危険なワクチンである」といった陰謀論は世界中に拡大していて、人々にワクチン接種への不安を広げている。これもmRNAといった医学・生物学的に高度な科学的知識が必要となるために、一般市民には科学的に正しい情報か間違った情報かを判断することがやや難しいのであるが、ある程度の科学的知識を持っていて、正しい情報を調べて理解すれば、こういうことがありえないことは判断できるはずである。

また「ワクチン接種をするとマイクロチップが埋め込まれて5G接続され身体を操作される」といった荒唐無稽な陰謀論も世界中に広まっている。フェイクニュースという以前の悪質なデマであるが、これには新型コロナウイルスが、陰の権力によってもたらされた「人類の人口削減計画の一環である」という陰謀論や、「世界中の人間の遺伝子組み換えを実行して5G通信で操作しようとしている陰の権力が存在する」という陰謀論がその背後にある。さらには、新型コロナウイルスはその治療薬やワクチンを大量に使用させることによって医学界、医療業界が莫大な利益を生み出すための自作自演の人工ウイルスである、という陰謀論まで存在している。

このような陰謀論を信じる人が社会の圧倒的多数ではない、ということが救いであるが、それでもそれらを信じる人々が一定程度存在することによって、ワクチン接種推進派とワクチン反対派の間に社会的分断をもたらすことにつながっている。

陰謀論を生み出す心理とネットワーク

こうした陰謀論を信じる人々の心理を考えてみたい。まずそこには、真実は権力や政府によって隠されているという不信感がある。社会において、自分はそうした権力や政府から抑圧されていて、社会からも疎外されているという孤独感がある。そこで隠されている真実を探ろうとインターネット、SNSの世界を放浪し、自分に似た境遇にある人々のコミュニティやアカウント、サイトに出会う。そこでは自分が追い求めている真実が語られていると感じるのである。

大衆は愚かであり、権力や政府によって騙されている。それに対して、自分だけが真実を知っているという優越感、周りの人は騙されているが、自分は騙されていないという自信、権力に騙された大衆を救わねばならないという正義感、使命感がそこに発生する。社会の体制に追従するメインストリーム（主流派）に対して、自分はカウンター（非主流派）的存在であるとアイデンティファイする傾向があり、それはメインストリームに自己を投影する勝ち馬効果（バンドワゴン効果）よりもむしろ、カウンターに自己を投影する負け犬効果（アンダードッグ効果）の心理的傾向が強いと考えられる。

陰謀論にはまってしまった人は、周囲の一般的な主流派の人間との間の溝をますます深め、孤立していく。その中で自分と同じ考えを共有している陰謀論のコミュニティこそが自分の仲間であり、同志であるとの思いを強め、ますます陰謀論の深みにはまっていく。これはカルト宗教と似ている。この陰謀論にはまった人々をそこから救い出そうと説得する試みは非常に困難である。社会の大勢を占める一般的な情報、または科学的に正しい情報を示すことによって、考えを改めるように説得コミュニケーションを行ったとしても、反対に自分の考えに固執するようになる現象が発生するが、これはバックファイアー効果（反発効果）と呼ばれている。一人ひとりの個人を陰謀論から解放する教育と説得コミュニケーションが必要であると同時に、社会的にもこうした陰謀論が拡大しないようにするためのリスクコミュニケーションが求められる。

陰謀論は「オルタナティブ・ファクト」である。先述したように信者にとってそれはデマでもフェイクニュースでもなく、「オルタナティブ・ファクト」、嘘や偽りではない、もう一つの真実、隠された真実なのである。この、もしかしたらこれがもう一つの真実かもしれない、隠された真実かもしれないと信じたがる心理傾向は、ある意味で価値相対主義的な思考であり、カウンター志向であるといえる。

かつて陰謀論はうわさ話や口コミ、アンダーグラウンドな書物などで広がっていったものであったが、現代においてはインターネットやSNSが、それを広める媒体となっている。さらにエコーチェンバーやフィルターバブルといった、自分が信じる特定の環境やフォローしているインフルエンサーのもとで、陰謀論のコミュニティが形成され、それが自分にとって心地よいコミュニティとなり、その中で集団極性化現象が発生する。

陰謀論が生み出す分断はこうして拡大して、現実社会を侵食していく。ネット社会、SNS社会の現代において、陰謀論は民主主義を破壊する脅威であり、政治的リスクなのである。

第7章 民主主義とリスクコミュニケーション

危機事態におけるリスクコミュニケーションでは、人々に対応行動を求める説得コミュニケーションが重要である点はこれまで述べてきた通りである。その説得コミュニケーションにおいて、データやモデルを提示してその因果関係を説明する論理的説得コミュニケーションの重要性がこれまで科学的にも証明されてきた。これは、科学コミュニケーション、科学ジャーナリズムの重要性を示している。福島第一原発事故における放射性物質の危険度や処理水の海洋放出、また新型コロナウイルスの公衆衛生対策やワクチン接種の有効性についても、科学的データやモデルなどの根拠が示された上でリスクコミュニケーションがなされなくてはならない。この合理的な論理的説得コミュニケーションが有効性を持つためには、そのコミュニケーションの送り手が科学的態度をもって、科学的根拠を伴ったデータやモデルをメッセージにおいて丁寧に説明し、受け手である市民がそのデータやモデルを理解できる科学リテラシーを持つことが必要となる。データやモデルやその効果を理解できるか、理解できないか、これが近代科学に基づいたリスクコミュニケーションであり、社会の近代化である。

他方で、人間は論理だけで生きているわけではないという現実も直視しなくてはならない。人間には感情があり、その感情に基づいて対応行動が決定されることが多いことも事実である。感情的な面で、その政策を快く感じるか、不快に感じるか、その説得者が好きか嫌いか、信用できるかできないか、そうした感情的な判断でリスクコミュニケーションの成否が影響を受けることがある。人々に対して感情的に訴える説得方法が感情的説得コミュニケーションである。この感情と共感によるリスクコミュニケーションの効果も十分に検討されなくてはならない。これまで考察したような危機事態においては、論理よりも感情が優先される状況は個人の中で発生するのである。リスクコミュニケーションにおいて、この「論理」と「感情」のバランス、効果的な併用は重要な方略である。

この点は個人のリスクコミュニケーションにおけるヒューリスティックであるが、これが社会全体における社会心理や世論になると、より複雑な様相を呈する。45頁の図表8は新型コロナウイルス対策における「日本型モデル」の構造について示したものである。

新型コロナウイルスは、二〇二〇年に出された一回目の緊急事態宣言後に感染拡大は一時ピークアウトした。感染者や死者が多かったアメリカやブラジル、インドなどの各国と比較して、当時なぜ日本人の感染者数、死者数が相対的に低いのかが、世界的に注目されたが、それは正体不明の「日本型モデル」と説明された。

なぜ当時の日本で世界各国と比較して感染者数や死者数が相対的に低かったかを説明できる説明変数には様々なものが考えられる。図表8のように、手洗いやうがい、マスクの使用がもともと習慣となっている日本人の衛生文化や、挨拶のときも握手や抱擁、キスをせず距離をとってお辞儀をするという日本人の挨拶文化、家の中に入るときには靴を脱ぐ、毎日風呂に入るといった日本人の生活文化などは、感染症対策の面では有効に機能する日本人の伝統的な文化である。これらは日本人が様々な疫病を経験してきた歴史の中で培われてきた伝統であり文化であろう。このような日本人独自の文化や伝統は、新型コロナウイルスのパンデミックにおいても有効に機能したと考えられる。

他にも日本人の教育水準や経済レベル、科学技術力や医療技術のレベル、または日本人の遺伝的特性なども感染拡大の抑止とその予防に大きな影響を与える社会的変数として考えることができる。実際に当時の安倍政権、その後の菅政権の対策は外出自粛要請、企業休業要請やリモートワークの促進などにとどまり、この部分の効果の検証も感染症対策のためには重要である。これらの緊急事態宣言に基づいた外出自粛要請や休業要請、休校要請などはあくまでも要請であり、法的拘束力や罰則はないにもかかわらず、なぜ日本人は当初あれほどまでに政府に協力して自らの行動を律することができたのだろうか。

それは論理的説得による自主的な態度変容や、感情的説得によるもの、恐怖説得コミュニケーションによる効果もあったと思われるが、それ以外に同調圧力による効果も大きかったのではないかと推測できる。同調圧力とは、自分たちが従っているのだから他の人も同様に従うべきだと他者に圧力をかける状況や、他の人が従っているのだから自分も従おうとする他者からの圧力による行動変容のことを意味している。「右へならえ」や「世間の目を気にする」という表現がこの同調圧力に該当する。この「他人の目」「世間」という他者の存在から自らを律するのが日本人の特性であることが以前から指摘され、それは「空気が支配する日本」と表現されてきた。キリスト教やイスラム教のような一神教で絶対的な正義や倫理を内面化して神と個人が向き合う文化と異なり、そうした一神教的な神のもとの正義や倫理を持たない日本人は、社会における世間体やコミュニティの道徳を重んじて生きてきた。それがこうした「空気」となり、合理的で直接的なコミュニケーションではなく、互いの配慮や忖度《そんたく》により社会を運営しようとする。聖徳太子による憲法一七条の冒頭の「和をもって尊しとなす」という倫理はこうした日本人的特性を表している。

日本人のこの空気による支配は、危機にあっては新型コロナ対策における自粛などの面でよい側面をもたらすと同時に、その反面で同調圧力により〝自粛警察〟を生み出し、原発事故被災者に対する差別を生み出し、科学コミュニケーションによる合理的な論理的説得コミュニケーションを阻害している可能性がある。危機管理において、リスクコミュニケーションにおいて、この日本的な空気の支配をどのように改善すべきか、日本のリスクコミュニケーションの近代化、民主主義化が求められている。

日本人のこの特性は伝統的な自然観、宗教観などの精神文化の影響により培われてきたとも考えられる。自然と対立するのではなく、山の神、海の神、森の神など自然のあらゆるものの中に神を見いだして手を合わせる、八百万の神に対する信仰のもとに、その自然と共存するムラ社会を歴史的に構築してきた。廣井脩はその著書『災害と日本人』の中で、古代から自然災害と向き合ってきた日本人の自然観、災害観は海外の文化とは異なり、独自の思想や信仰を生み出してきたと指摘した。自然災害が発生してそれに巻き込まれる人々はそのように宿命づけられていたとする「運命論」や、地震や大雨などの災害は人々に与えられた神様からの罰であるとする「天譴論」のような考え方も、古くから日本人の心理に根付いてきた災害観であった。こうした自然観、宗教観に基づく日本人の伝統的意識を理解しながら、日本人に有効なリスクコミュニケーションのあり方を考えなくてはならない。

ジャーナリズムの存在意義

危機事態において人々がその危機の状況を知る手段は昔も今もメディアである。このメディアは紙媒体のメディアである新聞や雑誌、本などの活字テクストのメディアから始まり、世界的に普及して人類初のマスメディアとなった。一八〇〇年代の後半から新聞は先進国の中で社会的に普及し始め、世界で発生した米西戦争や日露戦争を新聞というマスメディアを通じて市民は知ることが可能となった。ウォルター・リップマンはこうした新聞などのメディアが報道する世界のニュースが、読者である市民の中に世界に関する「疑似環境」を形成すると指摘した。海外で発生した米西戦争や日露戦争の事実はバーチャルな

図表12　新型コロナウイルスの情報をどのメディアで利用したか　N=300

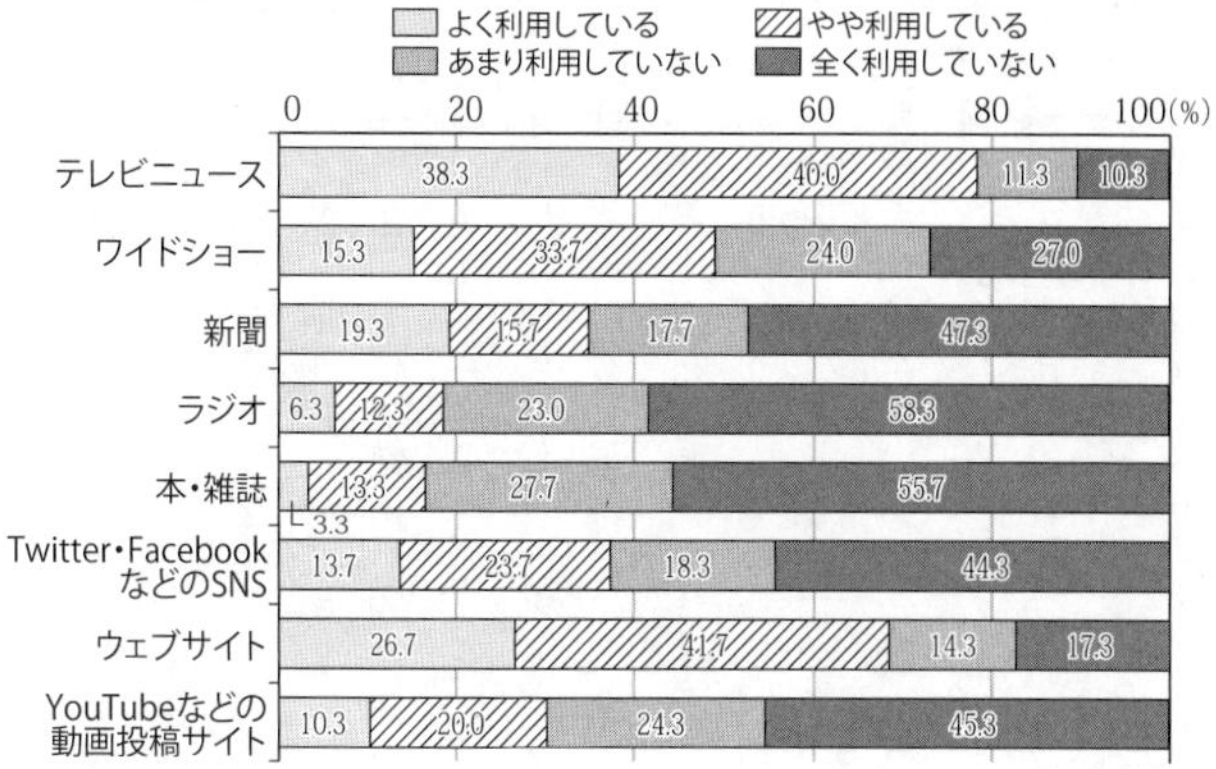

メディア経験であり、メディアが報道するジャーナリズムに依存している。それは平常時も危機事態においても変わらない。現場にいなかった人々にとって、第二次世界大戦も、チェルノブイリ原発事故も、東日本大震災も疑似環境にあるメディア経験であり、それは知識や情報から形成されているのである。

その市民の疑似環境を形成するマスメディアとしては、その後、ラジオが誕生し、戦後はテレビが主流となった。その後、インターネットが世界に普及し、パソコンやスマートフォン、タブレットを通じたネットやＳＮＳに置き換わった。こうして人々の間では新聞離れやテレビ離れが加速したといわれ、実際にこれまでの様々な社会調査や研究によって、特に若者世代のテレビ離れや新聞離れは深刻な状況であると指摘されている。

新型コロナウイルスの感染拡大中の二〇二〇年

七月、福田研究室が東京都民に対して実施したアンケート調査によると、新型コロナウイルスに関する情報をどのメディアで収集したかという質問項目に対して図表12のような結果が得られた。もっとも多く利用されていたのは、テレビニュースの情報で、テレビ離れが指摘される現代においても、新型コロナウイルスのような危機事態においては、テレビはいまだ重要な情報源なのである。当然、ウェブサイトやSNSの利用も非常に多く、それと比べて新聞の利用は相対的に低い傾向がみられるが、ウェブサイトやSNSで流通しているネット上のニュースも、その発信元は朝日新聞や読売新聞などの新聞社や、共同通信や時事通信などの通信社が多くを占めており、紙の新聞ではなく、ネットを通じて人々は新聞社の報道に接しているのである。ニュースが、新聞からラジオになり、テレビになり、ネットやSNSになったとしても、それはメディアのハード（媒体）が変化しただけで、そのメディアが伝えるソフト（情報）におけるニュースの役割、そしてそれを生み出すジャーナリズムの機能は民主主義にとってその重要性は失われていないのである。

新型コロナウイルスの感染者数や重症者数、死者数などの感染状況に関するニュース、さらには分科会の尾身茂会長が記者会見で発したメッセージ、首相が記者会見で発表した政策や緊急事態宣言、これらの一つひとつが新型コロナウイルスに関するリスクコミュニケーションであり、それを支えているのはテレビや新聞、ネットで展開されるジャーナリズムであり、このジャーナリズムの活動こそ、市民の社会教育である。

メディアのジャーナリズムは民主主義において第四の権力と呼ばれる。それはジャーナリズムが民主主義を構成する立法・行政・司法の三権分立のシステムに対して重大な影響、効力を持つためである。

ジャーナリズムが持つリスクコミュニケーションの機能

ハードとしてのメディアの形態がどのように変容しようとも、民主主義社会におけるジャーナリズムの重要性は変わらない。これまでのジャーナリズム研究の長い歴史の中でも、そのジャーナリズムには様々な機能が指摘されてきた。民主主義のために極めて重要なジャーナリズムの機能には、権力監視機能、ファクト・チェック機能、議題設定機能、社会教育機能、合意形成機能などがあると考えられる。ここからそれぞれの機能について考察したい。

まずは、日々の取材や報道によって政治や権力をチェックする「権力監視機能」である。現代社会において国会で何が審議されているか、政府がどのような方針を決定したか、自治体がどのような政策を打ち出したか、それを知ることができるのはテレビや新聞などのメディアが報道し、それを市民が受け取り理解するからである。主権在民の原則から成り立つ民主主義社会においては、その権力行使としての立法・行政・司法のプロセスは権力による情報公開と、メディアによる取材と報道で透明化されなくてはならない。このように、政治権力の状況を取材、報道することでメディアが権力を監視し、そうしたニュースや情報を市民がチェックし理解して行動することが、ジャーナリズムの権力監視機能である。こうした権力機構が法手続きに基づかない恣意的な運用をした場合、また政治過程において違法な行為が行われた場合、ジャーナリズムはその実態を明らかにして、社会に告発しなくてはならない。これは平常においても重要であるが、災害や大規模事故、テロリズム、戦争・紛争、感染症パンデミックなどの危機事態においてさらにその重要性を増す。危機事態にこそ政治権力がどのように行使されたかをチェックし、市民に伝えることが民主主義におけるジャーナリズムの役割であり、この活動自体がリスクコミュニケーションの実践である。

ジャーナリズムが日々の取材、報道の中で伝える情報、ニュースが正しいものでなければ、民主主義を毀損することになる。市民が正しい情報、ニュースを知ることができなくなるからである。市民が日々接する新聞やテレビのニュースが正しいものであって、フェイクニュースではないというメディアと市民の間の信頼関係があって初めて、民主主義は安定的に機能する。先述したようなインフォデミックの時代において、社会に流通するなどの情報、ニュースが正しくて、どの情報、ニュースがデマやフェイクニュースであるかという、情報をオーソライズする機能がジャーナリズムには求められる。ジャーナリズムが行政機関や研究者などと連携しながら、日々の情報やニュースに関してその真偽を判断して報道する「ファクト・チェック」機能が現代において極めて重要になっている。ファクト・チェックとは、社会に流通している情報やニュースが間違っていないか、デマやフェイクニュースではないかについて、その情報源を明らかにし、情報源に対して徹底した直接取材をし、そのニュースで用いられているデータや資料の一次資料にあたって詳細を確認し、まさに事実（ファクト）を詳細に確認するチェック活動である。このファクト・チェック機能は現代におけるジャーナリズムの重要な機能であり、メディアはその能力を持たなくてはならない。このファクト・チェックも、新型コロナウイルスや大震災などの危機事態に関して重要なリスクコミュニケーションの活動であるといえる。こうした社会に存在するどの情報、どのニュースが正しく、どれが間違っているのかを個人が判断できる能力のことを「メディアリテラシー」と呼ぶが、個人が持つメディアリテラシーを高度化することが民主主義社会において重要である。

こうしたメディア報道、ジャーナリズムの活動によって、現代の社会においてどのような問題が重要であり、社会において何が議題とされるべきかを示すアジェンダ（議題）・セッティングの役割を果たすのがジャーナリズムの「議題設定機能」と呼ばれるものである。これは本来、マコームズ&ショウの研究のように、マスコミ効果については、選挙における争点報道と有権者の争点認知の間に相関があることを示した投票行動研究の文脈の中で研究され、議論されてきたテーマであった。つまり、メディア報道においてより集中的に重点を置いて報道された社会問題に対して、受け手である市民はそれが重要な社会的議題であると認識するようになるという仮説であり、それゆえにメディア報道には社会においてアジェンダをセッティングする機能があるとするものである。

危機事態において、発生した巨大な危機に対してはメディア報道が集中する現象が発生するが、これはオウム真理教の地下鉄サリン事件においても、東日本大震災においても、新型コロナウイルスのパンデミックにおいても常に発生してきた一般的な現象である。これはメディアスクラム（集中的過熱報道）と呼ばれる現象であるが、そうした危機事態にあっては自然と、危機に関する問題が社会における優先課題として議題設定される。これは危機事態が発生している最中におけるクライシスコミュニケーションとしてとらえることができるが、本来のリスクコミュニケーションの理想は先述したように、危機が発生するたびにリスク源を特定し、リスク認知し、リスク評価することで、平常時に危機管理のための体制を構築することである。よって、リスクコミュニケーションに資するメディア報道とは、平常時において将来的に起こりうる危機について議論をするために、特定のリスクを想定してアジェンダ・セッティングすることが本来あるべき姿である。メディア報道にはこうした議題設定機能が求められる。

こうして社会に提起された危機について市民が考えるとき、その危機について詳細に解説して市民のリテラシーを高めるためのジャーナリズムの「社会教育機能」が重要となる。

例えば、想定される首都直下地震や南海トラフ巨大地震の発生メカニズムがどのようなものので、発生したときにはどのような社会的対応が求められるか、それを理解するには地震学や地球物理学のような自然科学的な知識から、法律や社会制度に関する社会科学的な知識まで必要となる。そうした市民に求められるリテラシーは、福島第一原発事故のような原子力災害においても、地下鉄サリン事件やアメリカ同時多発テロ事件のようなテロ事件においても、北朝鮮による弾道ミサイル発射や台湾有事問題においても、新型コロナウイルスのパンデミックにおいても、ますます高度化している。こうした危機に関する知識、「リスクリテラシー」を市民の中で醸成するために重要なのがこのメディア報道であり、これがジャーナリズムの「社会教育機能」である。現代の高度な科学技術の関わる、新たな危機について考えるとき、原発事故における放射線量の理解や処理水の海洋放出に関する安全性の理解、地下鉄サリン事件でも使用されたサリンや、その他テロで使用される化学兵器、生物兵器の危険性についての理解、新型コロナウイルスなど感染症に関する公衆衛生対策のあり方やワクチンに関する理解などには、高度な科学的知識が必要となる。こうしたリスクに関する科学的知識をテレビや新聞などのメディア報道がどのようにわかりやすく解説できるか、科学コミュニケーション、科学ジャーナリズムのあり方が問われている。

こうしてジャーナリズムによって社会においてリスクが議題設定され、解説されたのち、それをもとに議論される過程がジャーナリズムの「合意形成機能」である。ユルゲン・ハーバーマスは『公共性の構造転換』において、有名な「公共圏」という概念を提唱しているが、公共圏とは民主主義社会において、市民がメディアを通じてどのようにコミュニケーションしながら公共的な価値を共有し社会を形成しているかを概念化したものであった。ハーバーマスの言うコミュニケーション的行為が構成するコミュニティの単位である。かつてはイギリスなどヨーロッパのコーヒーサロンにおける、市民の議論と新聞記事の購読というものが公共圏的なコミュニティとして存在していたと指摘されるが、時代を経て、このメディアにおけるジャーナリズムと公衆の間に発生する公共圏は、ラジオとその聴取者、テレビとその視聴者の関係となり、現代では、インターネットとSNSの時代を迎えて、政治に対する市民の参加と議論の過程のダイナミズムを大きく変容させている。旧来のマスメディアの時代においては必ずしも発言する媒体を持たなかった市民が、インターネットやSNSにより社会に直接発言するすべを持ち、個人と個人による直接的なコミュニケーションの過程が透明化され、可視化される時代が訪れた。インターネットやSNSは、社会全体で政府やメディア、個人が直接向き合い、フラットにコミュニケーションすることができるプラットフォームとして機能し始めた。こうしたインターネットやSNSの時代のジャーナリズムは、「合意形成機能」をより高めていると考えることもできる。また反対に、メディアの参加者による議論が世論を作り出し、その世論がマーケティング的な世論調査により政策や政権を評価し、政治に大きな影響を与える、政治のマーケティング化も発生している。

こうしたジャーナリズムの持つ機能は、民主主義のために必要な個人の連帯や社会の統合を生み出すと同時に、深刻な分断をも生み出している。

「科学コミュニケーション」のあるべき姿

福島第一原発事故における放射性物質や放射能汚染に関する誤解から、福島県の住民や他県避難者はいわれなき差別を受け、農産物や観光地は風評被害を受けてきた。その原因は原子力、放射性物質に関する極めて高度な科学的知識を必要とする問題に対して、私たちには高度な科学的リテラシーが欠落していたということにある。原子力とは何か、原子力発電とは何か、放射性物質とは何か、放射線と放射能はどのように違うのか、食品に含まれる放射性物質はどれくらいの量まで安全なのか、海洋放出される原発の処理水は安全なのか、そうした疑問に対して、科学的知識を研究のデータと根拠をもとに、説明して市民の理解を促す科学コミュニケーションが必要であるのだ。

また、新型コロナウイルスに対する社会政策や治療方法、ワクチン接種についても、ウイルスに関する高度な医学的知識、公衆衛生学的知識が求められる。新型コロナウイルスの感染力や毒性は季節性インフルエンザと比べてどれほど違うのか、新型コロナウイルスの変異株はそれぞれどれくらい特性が異なるのか、新型コロナウイルスの抗体カクテル療法やメルク社製の錠剤薬品にはどの程度の効果があるのか、新型コロナウイルスのワクチンの安全性や効果はどの程度なのか、こうした疑問に対しても、医学や公衆衛生学における科学的リテラシーが必要となる。

「安全・安心」というキーワードがよく使われるが、危機においてある事象がどこまでが「安全」でどこからが「危険」な状態なのか、その線引きは科学的なデータと根拠をもって社会的な基準として社会に示されなくてはならない。それが政府や専門家の研究者が示す安全性の基準である。放射性物質について、ワクチンについてどのような基準や審査に基づいて、安全性が証明されたのか、その手続きやデータを情報公開して社会に対して説明することが求められる。政府や専門家会議がどんなに「安全」だと主張しても、その手続きや説明に瑕疵《かし》があれば、人々は「安心」できないのである。また情報公開されず、説明が不十分であれば、人々は「安心」できないのである。このように「安全」と「安心」は根本的に異なり、「安全」かどうかはリスクに対して科学者や政府が検討して決定された客観的基準によって成立するが、その基準に対して人々が「安心」できるかどうかは、そのコミュニケーションによって人々が納得するかどうかにかかっているのである。つまり、科学コミュニケーションにとって重要な点は、こうして政府や専門家が決定したリスクに関する科学的かつ客観的基準である「安全」を社会に対して、市民に対してどれくらいわかりやすく詳細に説明することができるかという点と、それに対して市民一人ひとりがどれくらい理解して納得でき「安心」することができるかという点の両方が成立するということである。新型コロナウイルスの専門家会議で、そしてその後の政府分科会でも対策にあたった岡部信彦内閣官房参与がその発生当初から繰り返しメディアで述べてきた、ウイルスを「正しく知って、正しく恐れる」というメッセージはこのことを指している。これも科学コミュニケーションによるファクト・チェック機能であり、社会教育機能であるといえる。

こうした専門家と市民の間でなされる科学コミュニケーションを阻害する要因がいくつか存在する。その一つが、専門家と市民の間にある「リスク認知ギャップ」の問題である。それは、科学的リスクの問題を議論するときに共有されるべきリスク認知で、専門家と市民の間に大きなギャップがあるという現象である。これを明らかにしたのがスロヴィックらの研究である。スロヴィックらは、アメリカの市民を対象に、原子力発電や自動車事故、拳銃、喫煙、飛行機事故など安全に関する三〇項目のリスクを挙げ、それをアンケート回答者に一位から三〇位までリスクの重大さの順位をつけさせる調査を実施した。その結果、図表13のように、一般市民と科学の専門家の間でリスク認知の順位が大きく異なることが明らかとなったのである。この図表で示すように、一般市民にとって最も大きなリスクは原子力発電であったが、専門家の原子力発電へのリスク認知は二〇位と低く、大きな差が

図表13　リスクを感じた活動や科学技術
（スロヴィックらの調査をもとに作成）

項　目	女性有権者	学生	社交クラブ会員	専門家
原子力	1	1	8	20
自動車	2	5	3	1
拳銃	3	2	1	4
喫煙	4	3	4	2
バイク	5	6	2	6
飲酒	6	7	5	3
飛行機（自家用）	7	15	11	12
警察勤務	8	8	7	17
殺虫剤	9	4	15	8
外科手術	10	11	9	5
消火作業	11	10	6	18
大規模な建築工事	12	14	13	13
狩猟	13	18	10	23
スプレー缶	14	13	23	26
登山	15	22	12	29
自転車	16	24	14	15
飛行機（商用）	17	16	18	16
発電（原子力以外）	18	19	19	9
水泳	19	30	17	10
避妊薬	20	9	22	11
スキー	21	25	16	30
X線	22	17	24	7
高校・大学アメフト	23	26	21	27
鉄道	24	23	20	19
食品防腐剤	25	12	28	24
食品着色料	26	20	30	21
電動芝刈り機	27	28	25	28
抗生物質	28	21	26	24
家電製品	29	27	27	22
予防接種	30	29	29	25

みられた。専門家が大きなリスクと考えていたのは一位「自動車」、二位「喫煙」、三位「飲酒」であった。このような差はどうして発生するのだろうか。一般的に、これまでのリスクマネジメント研究において、リスクとは「生起確率」と「被害程度」の積（リスク＝「生起確率」×「被害程度」）として表されるとされている。つまり、その事象の「生起確率」が高いほど、「被害程度」が大きいほど、そのリスクは大きいということである。反対に、「生起確率」が低いほど、「被害程度」が小さいほど、そのリスクも小さいということになる。この研究結果は、専門家はこのリスクの公式のように、生起確率と被害程度からリスク認知を形成し、特に生起確率を重視しているのに対して、一般市民は生起確率よりも被害程度からリスク認知を形成する傾向がある、と解釈された。先述したように、リスクにはハザード系リスクとライフ系リスクがあるが、被害程度は社会的には小さいが日常的に発生する生起確率が高いライフ系リスク（自動車、喫煙、飲酒など）のほうを専門家はより強くリスク認知し、生起確率は極めて低いが被害程度が大きくなるハザード系リスク（原子力発電）に対して一般市民は強くリスク認知すると考えることができる。このように、専門家と一般市民の間ではリスク認知に大きなギャップがあることが、専門家と一般市民の間のリスクコミュニケーションを難しくしている側面がある。これをコミュニケーションの非対称性と呼ぶが、常にコミュニケーションにはこの非対称性があることを理解したうえで、科学コミュニケーションを実践していく必要がある。

科学コミュニケーションを実践するためには、原発事故であれば原子力工学、医学、食品学などの専門家である研究者が、新型コロナウイルスであれば感染症学、公衆衛生学などの専門家である研究者が、それぞれの専門的な立場から社会に対して発言することが求められる。それらの科学者は、政府や自治体における専門家会議や有識者会議、専門部会、委員会など組織のメンバーとなることで、その発言は社会における公式な発言、メッセージとなる。さらにはそうした会議、委員会での発言により、政府や自治体の政策に大きな影響を与えるという責任が発生する。このとき、政府や自治体の会議や委員会に選ばれる科学者のメンバーがどのようなメンバーになるかが重要なポイントで、科学的な能力の面で、専門分野の適切性の面で、学説的立場の面で、政策決定に資するメンバーでなくてはならない。

社会に存在する様々なリスクに対して、政府や自治体は政策判断を行うために、そのリスクに関する専門家を集めた会議、委員会を設置して検討すべき議題（アジェンダ）を提示し、それに対する答申を要求する。これをインテリジェンス活動におけるリクアイワメントと呼ぶ。科学者はその会議、委員会においてこのリスクに関する議論を行い、その結論をデータや根拠とともに提出する。その答申における結論を参考にして、政府や自治体はこのリスクに関する政策を決定する。これが行政機能たる政府や自治体と、科学者からなる専門家会議との関係性である。科学者からなる専門家会議は、あくまでも科学的見地から結論を出し、それを踏まえた政府や自治体はその答申を参考にするだけで、その答申のまま政策決定することも、その答申の内容とは反対の政策決定をすることも可能である。その代わり、その政策による結果責任を負うのは政府であり自治体であって、科学者たちによる専門家会議ではない。これが民主主義社会における行政と専門家の関係性であり、今後、科学者と行政機関との相互作用、コミュニケーションのあり方もよりよい関係を模索する必要がある。

科学コミュニケーションにおいて、科学者が社会で行うコミュニケーション活動はそれだけではない。テレビ局や新聞社が行う、リスクに関する科学的問題のニュース報道や番組放映は重要な科学コミュニケーションの一つである。科学部や科学報道部を持つのはテレビ局でいえば公共放送であるNHK、新聞でいえば朝日新聞や読売新聞などの全国紙などに限られる。よって、テレビニュースや新聞で高度な科学的問題を報道する際には、やはり科学者による知見が必要となる。よって、福島第一原発事故や新型コロナウイルスに関連する報道では専門家である科学者が登場してその問題を解説することが必要となる。さらに新聞記事のコメントや解説記事、テレビニュース番組やワイドショー番組などを通じて発信される科学者、専門家のコメントは、社会に大きな影響を与える重要な科学コミュニケーションである。だからこそ、それぞれの新聞において、テレビニュースにおいてどの科学者が登場して発言するか、その発言やメッセージが正しいかどうか、その科学者、専門家の選び方もメディアにとっては重要な判断となる。このような解説や報道は科学ジャーナリズムと呼ばれ、リスクコミュニケーションの観点からも日々その重要性を増している。また、現在では科学者、専門家自身がツイッター、フェイスブックなどのSNSを通じてメッセージを発信し、そこが専門家と市民が議論する場、科学的コミュニティ、プラットフォームとして機能している。この意味で、科学者や専門家もインフルエンサーで、議論と合意形成機能を果たす重要なリスクコミュニケーションといえるだろう。

「メディアリテラシー」から「リスクリテラシー」へ

ウルリッヒ・ベックは、世界はリスクを知覚するものとリスクを知覚しないものに二分されると述べている。これから世界を襲う可能性のある危機とは、現在まだ潜在化している状況にあるリスクである。福島第一原発事故が発生する前の日本は、「日本では原発事故は起きない」「原発は安全である」という、「原子力安全神話」に基づいて原子力政策を推進してきた。これは専門家における原発事故の「生起確率」は極めて低い、というリスク認知に基づいている。こうした中で、アメリカのスリーマイル島原発事故やソ連のチェルノブイリ原発事故が発生したとき、国内外で反原発運動は高まったが、それはごく一部に限られた社会運動に過ぎなかった。日本の原子力政策における危機管理のレベルをより高めるための政策にはこれらの事例は役立たなかったのである。つまり、アメリカやソ連で発生した原発事故を「他人事」と考え、「自分事」にできず、海外の原発と比べて日本の原発の技術、制度は安全であるとする間違った信念に基づいたこの態度が、福島第一原発事故をもたらしたといえる。福島第一原発事故が発生するまで、日本でもこの原発事故に対して、リスクを知覚するもの（反原発派）と、リスクを知覚しないもの（原発推進派、無関心派）の間で分断が存在していた。福島第一原発事故以前のこの両者は常にすれ違い、原発をなくしてゼロにするか、このまま原発を推進するか、という大雑把なゼロかヒャクかの対立で推移するばかりで、原発の危機管理、リスクコミュニケーションの精度を上げながら、原発の安全な運営・管理を徹底、強化するという態度には結びつかなかったのである。それが日本の原発事故の想定外を生み出した。つまり、リスクを伴う危険なものは社会から根絶すればよいとする「ゼロ」の思考と、そもそも安全なのだから特に対策は必要ないとする「ヒャク」の思考が対立して共存することによって、その中間の相互作用によって生み出される「危機管理」という発想や概念は必要ないものとされてきたのが日本の戦後社会だったのである。この間違った対立軸が、日本における分断を生み、この「ゼロかヒャクか」のギャップ、分断が、日本の危機管理を遅らせてきた。

この危機、リスクに対する日本の「ゼロかヒャクか」という極端で大雑把な議論は、原子力政策だけでなく、新型コロナウイルス対策でも、テロ対策でも、ミサイル対策でも、安全保障政策においても発生し、日本の危機管理の政策やリスクコミュニケーションを歪めてきた。

新型コロナウイルス対策においても、感染予防を徹底して「ゼロコロナ」を目指す（ゼロの立場）と、「コロナは単なる風邪」とみなしてマスクやワクチンに反対する（ヒャクの立場）との対立と分断からは、出口戦略は見いだせない。この極端な立場を生み出しているのも現在のメディア環境であり、それは民主主義の多様性に端を発するものだが、この不毛な分断と対立軸のズレを、公共性の観点から克服するリスクコミュニケーションの構築が求められている。

そこで考えなくてはならない問題が、「ゼロリスク論」である。これは、危機管理の目標を「リスクをゼロにすること」とする考え方である。自然災害大国である日本において、津波被害から地域を守るためには、さらに津波のリスクをゼロにするためには、日本中の海岸線を巨大堤防壁で覆うという政策が考えうるが、津波のリスクをゼロにしたとしても、海岸線の自然環境破壊により漁業振興、観光業などに大きな悪影響をもたらすことになる。それは河川の洪水をなくすために、洪水をゼロリスクとするために砂防ダムや護岸壁を増やし過ぎることによって、自然環境を破壊し農業振興に悪影響をもたらすことでも同様である。自然災害のリスクをゼロに近づけたために、その他のリスクが増大するようでは意味がないのである。一つのリスクを低減するためには、その他のリスクとのバランスを考えなくてはならない。それを「ダメージコントロール」と呼ぶ。これは新型コロナウイルス対策にもあてはまる。新型コロナウイルスをゼロリスクにするために、あらゆる社会活動、経済活動を止めることによって、その他のダメージが発生する。それは経済活動に関するダメージ、児童や若者たちへの教育活動に関するダメージ、高齢者の介護に関するダメージである。それらの社会的な経済リスク、教育リスク、福祉リスクなどの多様なリスクを総合的に考えるダメージコントロール的思考によって、新型コロナウイルス対策は統合的に決定されなくてはならない。

ゼロリスクは社会的に困難であり、その他の派生的弊害を生み出すというダメージコントロール的思考の導入により、リスクを分散し、どのように統合的にリスクマネジメントをしていくかを議論することもリスクコミュニケーションに必要な視点である。つまり、あるリスクに対してどの程度まで受容し、その他のリスクとのバランスをとりながら、どのように社会を運営していくかという議論と社会的合意形成がリスクコミュニケーションの一つの重要な機能である。このようにゼロリスクを追求するのではなく、緩やかにそのリスクを社会で受け入れて共存する考え方を「受容可能リスク（acceptable risk）」と呼ぶ。かつて脅威であった結核やインフルエンザが、医療の進歩と社会的合意により受容可能リスクとなったように、原子力の平和利用が社会に受容されて原子力発電が受容可能リスクとなったように、この新型コロナウイルスをどのように受容可能リスクに転換させながら、アフター・コロナ、ウィズ・コロナの時代に移行するか、その出口戦略を構築するためには、このゼロリスク論から脱却して、ダメージコントロールと受容可能リスクの観点から議論をして合意形成することが必要である。

現代においてオールハザード・アプローチに基づいてどのようなリスクが存在するか、そのリスク源を知り、そしてそのリスクの特徴について知ること、リスク認知を構築することが、リスクに関する知識、リスクをマネジメントする能力である「リスクリテラシー」につながるが、そうしたリスクリテラシーの構築には、こうしたダメージコントロールや受容可能リスクに関する知識やマネジメント能力も求められるのである。これまでの不毛な対立軸から脱却して、様々なリスクに対してリスクリテラシーを共有することで議論の土台、プラットフォームを構築し、建設的な議論を展開することで合意形成し、分断や危機を乗り越えるための連帯をもたらすことが、リスクコミュニケーションの目的である。

民主主義と合意形成のためのリスクコミュニケーション

リスクに関して考えることを忌み嫌って遠ざけ、平常時において危機を想定する、という努力を怠ってきたのは、ゼロの立場（例えば反対派）とヒャクの立場（例えば推進派）の両方に共通する態度であり、これが日本の危機管理、リスクコミュニケーションの困難性の根源であると考えられる。それが原因で発生したハザード系リスクについては、日本では枚挙にいとまがない。それは例えば、オウム真理教による地下鉄サリン事件などのテロ事件に関して、福島第一原発事故などの原発事故に関して、新型コロナウイルスなどの感染症パンデミックに関して、日本の危機管理が常に後手に回ったのは、その危機が発生する以前のリスクの段階で、その対策を議論し、準備をすることが不十分であったからである。これは民主主義的態度ではない。その責任は、政府や自治体などの政治家にも、メディアやジャーナリズムにも、研究者や専門家にも存在するが、結局はそれを放置してきた日本社会全体にある。

これまでの日本は、危機発生後に準備不足を反省し、それまでの既存の法体系、社会制度の枠組みの中で対症療法的に、場当たり的に対応してきた。その結果、危機管理に失敗し、大きな被害を社会にもたらした。しかし、その危機が去った後ではまたその反省を忘れ、次の危機に備えることを怠ってきた。その繰り返しである。この悪循環から脱却するためには、危機管理の本来あるべき姿を理念として示し、実践する必要がある。そのための社会教育もリスクコミュニケーションである。インテリジェンスの基本が孫子の兵法「敵を知り、己を知れば、百戦危うからず」であるように、また戦略的思考の基本がクラウゼビッツの「戦術の失敗は戦略で補えるが、戦略の失敗は戦術では補えない」であるように、危機管理においても古典的な教えには現代にも通用する様々なものがある。その一つが「危機管理とは最悪の事態を想定することである」であり、「危機管理とは想定外を作らないこと」であるといえるだろう。これには様々な意味が含まれているが、その大前提は、危機管理とは危機が発生する前の平常時において危機を想定し、想定外を作らず最悪の事態に事前に備えておくということである。

そのためには、危機が発生していない平常時において、リスクについて社会に提示し、それを社会において議題設定することが求められる。それができるのが、政府や自治体のリーダーたる政治家であり、官僚であり、研究者である。そしてそのことを社会に情報発信することができるメディアである。現実社会において、いまだそのリスクは顕在化していなくても、潜在的な段階で、ニュースやオピニオンの形態をとりながらメディア報道によって社会に提言することで、社会の人々の意識の中にリスクを顕在化させることができるのである。これを図表14のように「メディアによるリスク顕在化モデル」と呼ぶことができる。

まだ発生していないが、リスクとして想定されていて、市民に対して社会教育が求められているリスクには様々なものがある。自然災害でいえば首都直下地震であり、南海トラフ巨大地震であり、富士山噴火などである。また原発問題では、地震や津波対策だけでなく、テロ対策、サイバー攻撃対策などが求められている。北朝鮮が発射実験を繰り返している弾道ミサイルに対する弾道ミサイル防衛やJアラートなどの対策、台湾有事や尖閣諸島などに対する安全保障、今後発生しうる強毒性の新型インフルエンザなどの感染症パン

図表14　メディアによるリスク顕在化モデル

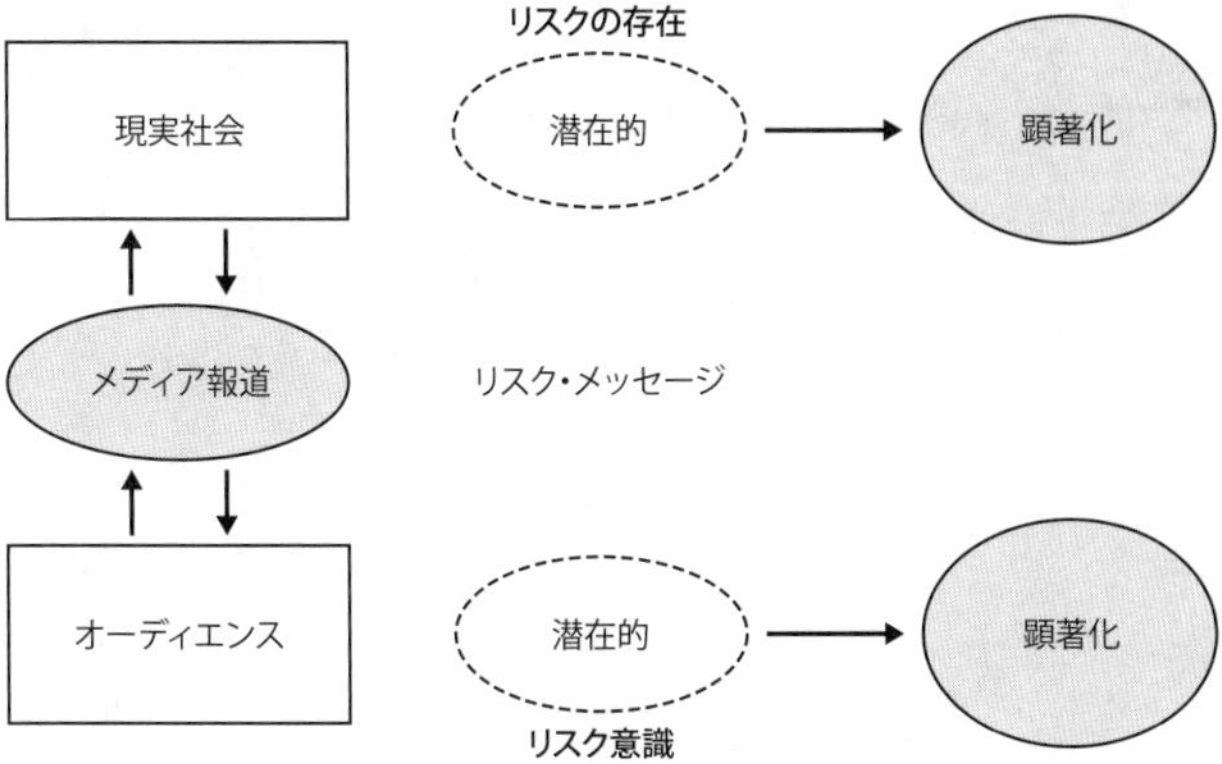

デミック対策など、オールハザード・アプローチで想定される多様な「リスクイベント」が存在している。これらのリスクイベントへの対策を、平常時から社会で議論し、備えることが求められている。

これらのリスクイベントは、メディア報道や社会教育によるリスクコミュニケーションによって社会において共有される。メディアはこのリスクイベントを社会に議題設定できる装置であり、未だに社会で顕在化していない新しいリスクについて、そのリスク認知やリスク評価を社会で高める力を持っている。メディアが社会においてこのようにリスクを顕在化させたり、そのリスク認知を高めたりすることができる力を、カスパーソンらは「メディアのリスク増幅理論（Social Amplification of Risk）」と名付けたが、そのメディアのリスク報道のあり方によって、人々のリスク認知やリスク不安の程度や理解は大きく影響を受けるため、そのあり方を正すことも極めて重要である。メディア報道が偏れば、人々のリスク認知やリスク不安も偏るのである。キーニーとウィンターフェルドはかつて、リスクコミュニケーションに必要な目標とそれを達成するための戦略を次の六点にまとめた。

①人々に対してリスクやリスクマネジメントに関する社会教育をすること。
②リスクを低減するために必要な対応行動を人々に十分に知らせること。
③リスクを低減するための個人的な対策を奨励すること。
④リスクに対する人々の価値や意識、関心に対する理解を深めること。
⑤リスクメッセージの発信者、受信者における相互の信頼と信用を確立すること。
⑥リスクに対する社会的葛藤や社会的論争をコミュニケーションして解決すること。

この六点がリスクコミュニケーションにおいて重要であることは間違いない。そしてこれらの点はすべてこれまで本書において触れてきた重要なポイントと重なる。①から④までは社会教育の機能であり、⑤は信頼構築、⑥は合意形成の機能である。そしてこの社会教育、信頼構築、合意形成がリスクコミュニケーションであり、これらは危機が発生する前の段階で行われるべき社会活動である。

リスクコミュニケーションとは、平常時でなされるべき機能の総体である。図表15のように、あらゆるリスクに関して政治やメディア、ジャーナリズムの場で議題設定がなされ、社会の中で市民が参加する形で時間をかけて冷静な合理的な議論が行われ、それによって市民社会の中で合意形成がなされ、政策決定につながることが、民主主義的な合意形成であり、リスクコミュニケーションの本質である。平常時においてこの議論がなされず、想定外の危機が発生した場合には、このリスクコミュニケーションの過程が危機事態の最中に行われることになるだろう。しかし、危機においては危険で極端な議論がなされ、偏った結論が導き出される可能性があるため、それは極力避けられなくてはならない。

図表15　平常時におけるリスクコミュニケーションによる民主主義的合意形成モデル

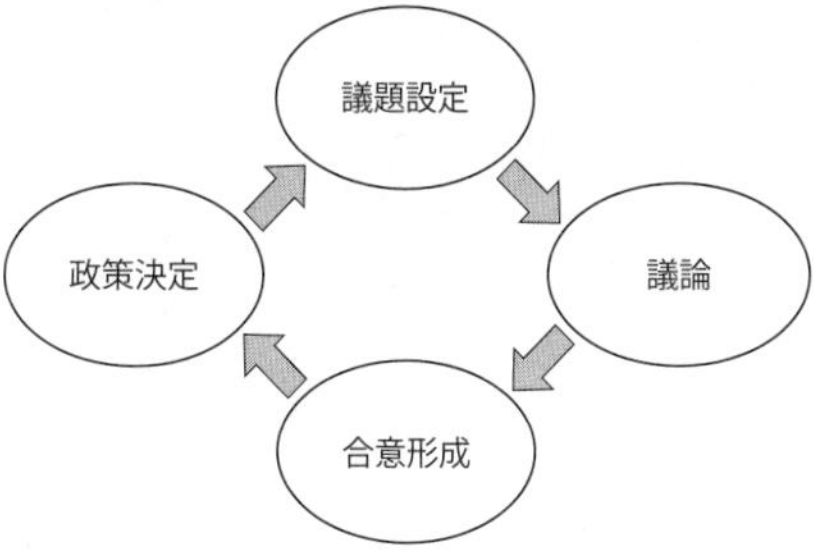

「分断」から「連帯」へ

この民主主義的な合意形成の過程では、議論による分断や対立が発生する。例えば、新型コロナウイルス対策において、ロックダウンのような私権制限を伴う強い措置が必要かどうか、が議論された。新型コロナウイルスの感染拡大を防ぐ「安全・安心」を確立するための対策を強化しすぎると、人々が外出したり、イベントに参加したり旅行をしたりする「自由・人権」を損なう。危機管理において、この「安全・安心」の価値と「自由・人権」の価値はトレードオフの関係にある。例えば、テロ対策においては、街中を監視カメラだらけにして、電話やネットの通信傍受を強化すれば、テロ事件は事前に察知することが可能になるが、一方では、人々の自由な表現、プライバシーなどが損なわれ「自由・人権」が奪われることになる。危機管理の強化がもたらす社会は、権力による監視社会にもつながりかねず、こうした問題は、自然災害、原発事故、テロリズム、戦争・紛争、情報セキュリティ、感染症パンデミックなどにも発生する普遍的な問題である。

こうした「安全・安心」の価値と、「自由・人権」のバランスをどうとっていくかという問題は、民主主義社会においては市民の参加による民主的なプロセスを経て合意形成される必要がある。この問いに絶対的な解答は存在しない。市民一人ひとりがどのように考え、どうあるべきかを議論することで、その答えを構築するしかないのである。そうして合意形成された議論の結果に対して、皆が納得して受け入れる、納得して実行できる社会が民主主義的な社会なのである。

そしてこれが危機における分断を乗り越えて、連帯をもたらす民主主義のダイナミクスでもある。ギュスターヴ・ル・ボンは『群衆心理』の中で、近代化がもたらした大衆社会とその社会的混乱や危機において発生する群衆の存在を批判的に論じているが、その可能性として、群衆は対立や分断ももたらすが、「連帯」する特性を持っていると指摘している。しかしアトム化した群衆は、公共性を共有することによって公衆とならなくてはならない。ハーバーマスやリップマンが論じたこの公衆こそが民主主義社会において、理性的に議論し、合意形成することができるリスクコミュニケーションの担い手であるのだ。社会的危機において分断を乗り越え、連帯するためのリスクコミュニケーションを実践するためには、公衆たりえる市民の醸成が不可欠である。この公衆こそ、メディアリテラシーを持ち、リスクリテラシーを備えた存在であり、この民主主義を担うべき公衆の社会教育もまたリスクコミュニケーションの役割なのである。私の恩師であるコロンビア大学のロバート・ジャーヴィス教授は、インテリジェンス研究、テロ対策の世界的な権威であるが、彼はその公衆の「リベラル・アプローチ」を提唱している。ジャーヴィス教授は、インテリジェンス活動やテロ対策は社会を監視して市民の「自由・人権」を脅かす側面を持つが、一方では、戦争やテロリズムといった脅威から国民・市民を守るためには欠かせない社会機能であり、だからこそ、市民の「自由・人権」を守りながら構築するインテリジェンスやテロ対策の「リベラル・アプローチ」の構築が必要であると指摘した。これは、危機管理を構成するインテリジェンス、セキュリティ、ロジスティクス、リスクコミュニケーションのすべての機能においてあてはまる。民主主義を謳う日本国憲法を持つ私たち日本人にこそ、現在求められているのが、この危機管理におけるリベラル・アプローチである。ここに、「分断」を乗り越えて「連帯」を構築するための大切なヒントがある。

かつてウルリッヒ・ベックが言ったように危機管理を実践する限り、近代化の過程は終わらない。危機を乗り越えるための技術的革新、つまり、再帰的近代化の過程は繰り返されるのである。世界や日本において実存的、また感情的さらに動物的なポストモダンのベクトル（近代化が終焉する方向）と、再帰的近代化のベクトルは、常に対立し、相克し合っているのが現代社会の特徴である。それは、ロゴス（言語による近代化）とピュシス（自然状態）の間の相克という軸としても表現される。

危機管理とリスクコミュニケーションはこの対立を乗り越えて、近代化のプロセスの中で分断から連帯を目指す公衆の創造を常に目指さなくてはならないのである。

【特別対談】

新型コロナウイルス感染症から見えてきたこと

岡部信彦×福田充

岡部信彦
川崎市健康安全研究所所長
1946年生まれ。東京慈恵会医科大学医学部卒業後、小児科医師として勤務。バンダービルト大学小児科感染症研究室を経て、帰国後はWHO西太平洋地域事務局や東京慈恵会医科大学小児科助教授、国立感染症研究所感染症情報センター所長などを歴任。
新型インフルエンザ等対策閣僚会議 新型インフルエンザ等対策有識者会議・会長代理 兼 新型コロナウイルス感染症対策分科会。内閣官房参与(感染症対策担当)。
主な著書・共著に、『かぜと新型インフルエンザの基礎知識』、『SARSは何を警告しているのか』、『新型コロナウイルス』など。

新型コロナウイルスが感染拡大してから約二年が過ぎようとしている。今後、グローバルな規模で新しい感染症が蔓延することは十分にあり得る。そこで危機事態下の持続可能な医療体制の構築、市民の健康と生活を守る公衆衛生の重要性がいっそう高まっている。そしてそれらと併せて、感染拡大を防ぐための社会政策の構築も急務となっている。

長期戦となりつつある新型コロナへの対策、そして新たな感染症に備えるための社会におけるリスクコミュニケーションのあり方を感染症学の専門家、岡部信彦氏と考える。

正しく知って、正しく怖れる

福田　新型コロナは人類が近年経験したことがない規模で広まった感染症で、感染拡大が始まった二〇二〇年以降、世界に甚大な被害をもたらし、誰しもが「これから世界はどうなってしまうのだろう」という不安な生活を送ってきました。

そのような状況の中で、以前、岡部先生が「正しく知って、正しく怖れることが大事」とおっしゃっていたことを思い出したんです。特に、「正しく怖れる」ということは新型コロナと向き合わねばならない私たちにとって非常に大切な姿勢だと感じています。そしてこれは新型コロナだけでなく、危機管理やリスクコミュニケーションにおいてあらゆるリスク、危機に対してあてはまる大事な視点だと思います。

岡部　「正しく知って、正しく怖れる」という言葉は、二〇〇三年に感染症研究所の所長の竹田美文先生（当時）と一緒に書籍を作った時に、竹田先生がその中で引用されていた言葉です。SARS（重症急性呼吸器症候群）が流行していた時で、国立感染症研究所感染症情報センターに所属していた私は、SARSはもとより多くの感染症についてのコメントをメディアなどから求められることがたびたびありました。感染症の専門家という立場で、症状や対策について可能な限りやさしくかつ正確に説明しようと努めました。

しかし、話題になるような新たな感染症は未知の部分が多い上、今の世の中では幸いにそう頻繁にかかる病気ではないため、一般の方々に正しく理解してもらうのはかなり難しいと感じました。われわれのような専門家と一般の方との間に隔たりがあり、言葉がひとり歩きしてしまっているようで、メディアを通じて自分の言葉が社会へと出ていくのがおそろしい、と思ったこともありました。こういうこともあって、「正しく知って、正しく怖れる」ことの重要性を痛感しました。

福田　今回の新型コロナでも専門家の方々がそれぞれの立場で発言されていましたが、われわれのような一般の市民は何が正解で何が間違っているのかわからない状態に陥っていると思います。さらに、本来なら危機事態において適切な情報を伝えるべきメディアが人々の恐怖心を煽るような報道をしてしまったこともあり、大きな不安を抱えて神経質になりすぎてしまったり、精神的に不安定になってしまったりした人も多かったのではないかと思います。人と会うことや会話することに恐怖心を持ったり、人が触ったものに触れるのが怖くなったりする精神状態になってしまう人も多い一方で、「コロナは風邪の一種」と考えてマスクもせずに外出したり、人と会食したりする人もいるなど、両極端なバランスの悪い状況が生まれたように思います。このような状況で、「正しく怖がる」ということは、実はとても難しいことですが、重要なポイントではないかと感じました。

岡部　先ほど申しましたように、約一七年前のSARSでの経験を踏まえ、感染症は「伝え方の加減」が肝心だと痛感していた私は、「正しく知って、正しく怖れる」というのは感染症の影響を受ける一般の方だけではなく、専門家やメディア、行政担当者や政治家も含め、情報を発信する側、受ける側の双方の頭の中に入れておいていただきたい言葉だと思っています。

福田　「正しく知る」ことは、書籍やインターネットなどで自分なりに調べることである程度はできることだと思うのですが、「正しく怖れる」ということがどういうことかイメージしにくいのではないでしょうか。「正しく怖れる」というのは一体どういうことなのでしょうか。また、「正しく怖れる」ためにはわれわれは何をどうすべきでしょうか。

岡部　感染症を「正しく怖れる」ためには、ウィルスや細菌などの病原体の特徴についてある程度正しく知ること、そして冷静に判断し、感染予防の対策を講じることです。例えばそもそも誰かが触った物に触れるだけで新型コロナに感染はしません。手や指で鼻や口、場合によっては目などに触れることによってウイルスが体内に入り込むチャンスが出てくるので「手指衛生」が重要になります。手指衛生が行き届くと、コロナだけではなくノロウイルスなどの対策に有効に結びつきます。またこのウイルスをゼロにすること自体、不可能と考えたほうがよいと思います。となると、インフルエンザなどのように、ある程度ウイルスとうまく付き合う、ある程度その存在を認めながら対策をしていくことが実際的ではないかと思います。しかし、現実にはウイルスの脅威を過度に伝えるニュースや、新型コロナは怖くない、という極端な情報が蔓延し、それが大多数になると人は信じてしまうんですよね。誰でも気軽に情報を発信できるSNS全盛の今日では、「正しく怖れる」と言うのは、簡単ですが、なかなか難しいと思います。

福田　冷静な判断を心掛けていたとしても、周りの人が自分と違った行動をすると不安になり、大勢のほうへとなびいてしまいがちです。ですから、新型コロナの感染拡大の初期には、トイレットペーパーが市場からなくなるというデマがSNSで拡散し、スーパーに殺到した市民が買いだめをしました。感染者が出た店舗や学校、家庭を攻撃したり、非難したりするツイートや他県ナンバーをつけた車に傷をつけるというような犯罪に近い行為まで出て、ウイルスよりも人間の心のほうがはるかに怖いと感じてしまいました。

岡部　そういうことからも、一定度を超えた感染症は「社会の病《やまい》」になってしまうと思います。普段なかなか見えなかった問題や、人間の裏の顔も出てきて、自分と行動や意見を異にする人を攻撃してしまう。そうなってしまうともはや、感染症学、医療の領域では手に負えなくなってしまうのです。

「社会の病」にしないようにするには、感染症の原因や症状を様々な角度から検証し、確実な情報を得ること。そして、他者への理解も必要だと思います。自分と違った言動や立場をとる人を攻撃してばかりでは何も解決に至りません。

市民の行動をよい方向へと導くために

福田　われわれが「正しく怖れる」ためには、情報の一次提供者である、専門家、政治家や自治体、そしてメディアの「説明の仕方」が重要になってくると思います。
岡部　そうですね。現在も新型コロナに関してテレビや新聞でコメントを求められることがあるのですが、一般の方々が適度な距離でウイルスと向き合えるように伝えるということを常に念頭に置いていて、まるで「竈《かまど》の飯炊き」のようだなと思う時がよくあります。
福田　「竈の飯炊き」ですか？　それはどういうことでしょうか。
岡部　竈でご飯を炊くとき、キャンプの飯盒《はんごう》でのご飯炊きでもよいのですが、火加減が重要です。しかし、火加減は結構難しく、火が弱いと炊き上がらないので、息をフーフー吹きかけたり団扇で煽いだりする。火の勢いが強すぎると今度は焦げてしまうので火を弱めないといけない。ちょうどよくご飯を炊き上げるのはなかなか難しいものです。情報を提供する立場にあるわれわれのような側は、人々がその存在や危険性に気が付かないときは注意の火を強くしなければいけないけれど、タイミングによっては強い情報の発信でかえって炎上してしまったり不安感のみが強くなってしまったりで、結局、発信した張本人が火消しに回るという事態に陥ることもあります。

福田　竈の火加減のように、情報を伝えるときは、何をどのくらい強調するのか、もしくは抑えるのかというように、発信する側の「バランス」のとり方が肝心ということですね。

岡部　そうですね。「バランス」に加えて大事なのは、不明瞭な情報を垂れ流しにしないことです。新型コロナのような新たな感染症は医学的・科学的に解明されていない部分が多く、専門家であるわれわれでも誤った認識をしていることもあります。そういう不安定な状況下でも、専門家はわからないことはわからないと言わないといけません。専門家だからわからないとは言えないと思い、わかったような顔をして説明するのは極めて危険です。また、裏付けに必要なデータが十分ではないので、説明できませんというのもよくありません。データはないのですが専門家としての経験上はこう考えます、と説明するだけでも、市民は理解してくださるのではないでしょうか。もちろん誤っていたら速やかな訂正がいるし、新たな知見が出れば直ちに加えていくことが必要です。

福田　最先端の知識や技術、情報を持っている専門家として人々にわかりやすく伝えることに加え、多種多様な情報をオーソライズすることも専門家の仕事だと思います。ただ、専門家の中でも様々な意見が出てくるでしょうし、情報を整理しながらある方向へまとめていくことが難しいでしょうね。

岡部 そうですね。ただ、医療や医学の専門家はこのように考えるけれども、他の立場にある人はそのように考えないという意見、考えの相違は当然あってしかるべきだと思います。そういう相違の現場に出くわしたとき、専門家は議論から逃げてはならず、専門家の立場で一定の見解は言うべきであると思います。

福田 そういう議論や検討の積み重ねを経ることで、市民が納得できる結論が導きやすくなりますよね。偏っていたり、何かが隠されたりしているような、望ましくない状況を克服するためのリスクコミュニケーションでなければなりませんね。

岡部 自分が見ていない世界をイメージすることって大切なことです。新型コロナは「インフルエンザのようなもの」と言われることも多いのですが、一人ひとりにとってはこの新型コロナウイルスは目下のところインフルエンザのようにかかりやすいわけではない（インフルエンザの一〇分の一くらい）ので「かかる」という実感がない人が多いのではと思います。身近な人が新型コロナにかかったというのも、インフルエンザほど多くはないでしょう。またテレビなどで病室内の様子などが映し出されても、それは自分にとっては別世界のことではないでしょうか。そういう中で、病院がパンクしそうだ、医療崩壊だということを人々に伝えたとしても、「だいたい医療崩壊って何?」とイメージしにくいでしょう。病院などの医療現場を見たことがないので当然と思います。

福田 そういうときにメディアの存在が問われると思います。ただ、マスとしての受け手が非常に多様になっていますし、テレビも見ない、新聞も読まないという人も相当増えています。SNSから得る情報は偏りがあります。今後はSNSや動画サイトを主なツールとして使う人に向けて、どう情報を伝えていくべきかを真剣に考えていかねばならないと感じています。

岡部 根拠のない悪い情報が広まらないようにすべく、われわれのような専門家と呼ばれる立場にある人は可能な限り、良質な情報を、例えばメディアを通じて伝えていかねばならないと思っています。メディアにはぜひそれを材料にして、味のよい料理(情報)にしていただければと思います。

「社会の問題」をあぶり出す感染症

岡部 原因不明の肺炎の集団発生として初めての感染が認識されたのが二〇一九年の一二月なので、もう約二年近く、長丁場の闘いになってきています。ここまで長期に及ぶと、これまでの感染症のときと対処方法、そして社会への影響が違ったものになり、様々な社会問題へも波及しつつあると痛烈に感じています。

福田　全世界に同時にウイルスが広まったことで、他所《よそ》の国との違いを、まざまざと見せつけられました。感染が最初に確認された中国では国家レベルで強い権力を行使し、いち早く感染拡大の封じ込めに成功しましたし、イスラエルでは非常にスピーディーにワクチン接種が進められました。中国もイスラエルも強大な軍事国家で、軍が出動すれば感染症対策がスムーズに進むということをリアルに見せつけられたのはこれまであまりなかったと思います。

岡部　現代の日本は強い権力をもって市民の監視や管理をすることは非常に厳しいので、それらの国々に比べれば緩い規制になりました。しかし緩い規制の中でも独自の対処方法でここまでなんとか乗り切ることができています。そういう意味で日本はユニークな国だと思います。他の国が日本を参考にしようと思ってもなかなかできません。

福田　そうですね。大半の家庭では、コロナ前から手洗い、うがいは日常生活の中で当たり前に行われていましたし、家に帰ったら靴を脱ぐという習慣、人とキスやハグをしないという日本ならではの文化、習慣が感染拡大のブレーキとなったかもしれませんね。歴史や伝統に根付いた自然な感染予防対策として有効だと思います。

岡部　アメリカなどでは、人種間で「感染や病気のレベルの差」が明瞭に生じてしまっていますね。黒人やヒスパニック系などは貧困層が多く、医療へのアクセスができなかったり、医療保険に加入していなかったりする人が多いので、コロナで苦しむ人が多い。一方、裕福な人々は白人系に多く、家が広かったり、在宅勤務もしやすい。医療保険でも収入の多い人は良質の医療が受けられる高額な保険に入れるなど、人種・経済状況・保険制度による「差」が感染症をきっかけに現実の大きな問題点となります。これは多くの国が抱えている問題であろうと思います。感染症の問題は社会の問題と密接に関わっているのだと痛感させられます。

福田 アメリカなどの国々における人種問題はこれまでも長く問題視されてきましたが、それが感染症のパンデミックでリアルに顕在化して、多様な人種が暮らす社会の複雑性や、民主主義国家の危機対応の難しさが明らかになりました。

あと、韓国、台湾、シンガポールはコロナ対策がわりとうまくいったと評価されていますが、これはデジタル技術を余すところなく駆使できているからで、ネット社会において私権制限や監視制度を強化しているからだともいえます。それが果たして日本に導入可能かどうか、ということも社会的に議論が必要だと思います。

「平時」に皆が納得できる仕組みを構築する

岡部 以前、台湾に行ったとき、国際空港で検疫を通過する際、入国・帰国者の状況が、台北にある台湾疾病管制署（台湾CDC）で映像を見ながら、もちろん、それは記録されています。チェックがなされていることに驚きました。またある人が特定の感染症に罹患し、届け出がなされると、台湾CDCが、その人の家まで地図画面上で確認することができるといった具合で、感染症予防のためには自分たちが一定度管理されることを市民が許容している、といったことも、感染対策に関する背景の差としてとらえるべきところと思います。

福田　感染症対策ということを優先順位の最上位にするならば、そういうシステムは合理的なのかもしれません。ただ、日本でやろうとすると現実的には様々なハードルがあります。「安心・安全」か「自由・人権」のどちらをとるのか、という議論です。日本は災害対策でもテロ対策でも、「自由・人権」を重視し、法に抵触しないギリギリのところで調整をしてきました。ですから、今回の新型コロナの特措法改正でも、「新型コロナ対策だからといって安易に私権を制限してよいのか」という声が挙がることは予想できました。私も特措法改正には慎重でした。しかし、世論調査をすると七～八割の人は「私権制限はやむを得ない」と答えました。こういうことからわかるのは、危機事態において対策のための法制度を改正しようとすると、世論は非常にリスキーな方向にシフトして、危険であるということです。

岡部　驚いたのは、野党から「より強い法改正が必要である」「罰則の強化を検討せよ」という声が多く挙がったことです。こうした私権制限には行政の必要性から与党より提案があり、野党のほうが私権制限に慎重であったことが多いように思います。何か危機に直面したとき、政治や人の考えは攻守がガラリと変わるものだということを痛感しました。たしかに、危機下では、目の前にある問題解決を優先させるべきで、限定的に改正、あるいは強化することはやむを得ないと思いますが、「危機だから何でも許される」という風潮がどんどん膨らむのは非常に危険であると思います。タガをはめるといいますか、何らかの抑止力も必要だと思いますし、落ち着いているときにこそ危機管理として議論を進めておくべきものだと思います。

福田　リスクコミュニケーションの観点からいえば、危機の対応のための議論は、その危機が発生する前の段階で、平常時に議論して準備すべきことですね。それが危機管理の原則です。しかし、日本では残念ながら平常時に危機の議論をしようとすると、その議論は常に危険視され、後回しにされてしまいます。

岡部　二〇〇九年の新型インフルエンザが発生したとき、ワクチン接種の優先順位についての議論がありました。私はその場で、使用できるワクチン量が限られている段階ですべての国民に公平に接種を行うことは難しい、と述べました。つまり優先順位に関する考え方の必要性です。医療従事者や高齢者を優先して接種するということは考えられるところですが、次にライフラインを維持する人々をという考え方も出ましたが、結局そこから先の議論へは進みませんでした。私はすべてを決定しておくことは難しいけれど、少なくとも優先順位という考え方が緊急時にはあり得ることを人々に伝え、またその順位付けについては平常時にこそ議論しておくべきではないかとの意見を申し上げていましたが、結局進まないままになっていました。平常時にはそのような議論は避けられるのでしょうね。メディアの方にも「ワクチンの緊急接種」について読者、視聴者に議論を投げかけてはどうかとも申し上げたのですが、取り上げてはもらえませんでした。平常時にはあまり取り上げたくない問題なのでしょうね。

福田　今回の新型コロナでは接種する順番も混乱しています。医療従事者や高齢者への接種に関しては社会で一定の理解と合意が得られていたと思いますが、自治体の首長が接種する際、「なぜ首長を優先させるのか」という声が出ました。

岡部　ワクチン接種には優先順位があるということを早い段階から説明しておくべきでした。誰もが皆平等に、不公平ができるだけ生じないようにという意識が根付いているので、「政治家や首長ばかりが先で不公平だ！」という声が出てくる。医療従事者や高齢者はこういう理由があるから優先して打ちます、首長はこういう理由で優先させますということをあらかじめ市民に理解していただくこと、そこがないままなので「自分たちのワクチンが来ないのに、なんで？」ということになり、大きくメディアが取り上げることになりました。

福田　首長は民主主義、自治体、そして危機管理のトップです。そういう立場にある人が感染して約二週間も身動きがとれません、もしくは感染して亡くなりましたというのでは、現場、市民も混乱します。ですから、厳しいことを言いますが、新型インフルエンザのときにもっと踏み込んで、医療従事者や高齢者以外の人の優先順位を制度化すればよかったのではないかと思っています。

岡部　しかし、優先順位を細部にわたって具体的に示してしまうと、「職業の貴賤」という別の問題が出てきます。多くの人は仕事に誇りを持っていることでしょうから、「私は優先順位が下だ。世の中に必要とされていない職業とみなされているのだ」とは思いたくありません。そうなると差別にもつながってしまう恐れもあります。

ただ、今回はなぜ首長が先に打つのかという事前の説明が不足していたと思います。自分が新型コロナに感染するのを予防するという理由だけではなく、市民のために接種するということをうまく説明すべきだったと思うのです。

「私権制限」か「自由・人権」か

福田　今後、感染力も毒性も強い感染症が蔓延することは大いに考えられますし、今度こそは、新型コロナを教訓にした対策を今から練るべきです。その際、私権制限のバランスが変わってきます。岡部先生は医療専門というお立場から、「私権制限」と「自由・人権」はどのようなことを重視してバランスをとるべきだとお考えでしょうか。

岡部　医療医学の立場から申しますと、新たな感染症が確認された際、まず、その感染症の「重症度の割合」がカギを握ると思います。新型コロナの致死率は世界で二〜四％、国内で一％前後です。死亡者の大半は高齢者が占めています。このことから言えるのは、高齢者のようなもともと、ハイリスクな人を中心に考えると当然、リスクは高くなるということです。しかし、「高齢者の感染数が多い」「致死率は二％」ということを俯瞰的にみることができれば、市民全員の行動を制限するのは、割に合わない、という考え方もできます。

福田　ただ、専門家ではない市民にとって「致死率が約二％」がどのくらい危険なのか、危険ではないのかということはわかりにくいですよね。なので今回の新型コロナでも、感染リスクを真剣に考えて感染予防を徹底した生活を送った市民と、感染リスクをあまり重大なこととしてとらえていない市民の間に意識のギャップが出てきて、市民の間でも分断が発生しました。政府、メディア、専門家も市民がわかるレベルのところまで詳しく説明していません。だから本当のところはどうなのかと。

岡部　新型コロナにかかった場合にはインフルエンザよりも重症化リスクが高いのは間違いないのですが、インフルエンザほど広がっているものでもない、じゃあどうする？　制限するか？　いや、そこまで制限しなくても大丈夫、ではどっちがよいのだ、という具合なのです。そこが今回の新型コロナの一番難しいところ、「いやらしい、厄介な」ところなのです。

また、致死率以外にも、私権制限に関わるのが「感染者の入院」の問題です。現在の感染症法では一つの病気に対しての対処が子供から高齢者まで同じという具合です。陽性者が出るとともかく入院させましょう、ということで、比較的体力がある人と命に関わるほど弱っている人が同じ病院に入院するという感じです。これでは病院がパンクしてしまいますよね。

ですので、先ほどお話しした「致死率」のことも踏まえると、「私権制限」と「自由・人権」のバランスをうまく保ちながら感染症に対応するには、年齢別に対応するというのは大いにアリ、だと思っています。ただ、「私権制限」をかけないと給付金のような経済的な支援をすることができないという問題も出てきます。そうなると法律的な仕組みも考えていかねばなりません。

専門家の意見は通らないときもある、政府の意見が通らないこともある

福田　医療現場と政治の現場の双方の声をお聞きになるという立場で、今、政治に対する葛藤といいますか、伝えたいことはありますか。

岡部　ある程度は予想していましたが、そうは思ったようには動かないのが政治だな、と再び思います。しかし、以前（二〇〇九年新型インフルエンザ）に比べれば、議論の場は設定され、政治側による聞く耳はずいぶん持っていただいていると思います。

福田　感染症学、公衆衛生学だけでなく、公共政策学、危機管理学などという多様な分野がおのおのの中だけではなく、互いが作用する学問の体系がこれから求められているのではないかと思っています。

岡部　そうですね。医療系の専門家は最終的に医療に逃げるといいますか、専門分野の視点で語りがちになってしまうのではないかと思います。社会科学の専門家が医療にアプローチするのは意識すればできると思うのですけれど。

福田　初期段階での専門家会議にはそうした研究領域の偏りがあったように思いましたが、その後組織改造されたコロナ分科会では、そうした研究領域のバランスはある程度考慮されて改善されたとは思います。メンバーになっている方は岡部先生のような医療系の方、法律、経済など様々なバックグラウンドをお持ちです。

岡部　ダイヤモンドプリンセス号での感染拡大を契機にしてできたアドバイザリーボード（厚生労働省）は医学系のメンバーが圧倒的に多かったので、分科会（内閣官房）はたしかにそういう意味ではメンバーの分野は広くなり、進化したと感じています。

福田　そして最近、「政府VS分科会」という構図が何かと話題になりましたね。私としては、ちょっとそれはおかしいのではないかと思うのです。専門家が出した意見、アドバイスをすべて受け入れるということが前提になっているわけではないのですから。専門家の意見を採用するかどうかは政府の裁量で判断してよく、専門家の意見がなかなか採用されないというのも、政府がそういう判断をしたからということです。「政府は分科会の意見を無視している」とメディアが囃し立てるのは、そもそも分科会の役割というのを理解していないからだと思います。

岡部　メディアから「分科会の乱」と言われた時がありましたね。緊急事態宣言の地域を決める議論のときに、政府提案を、分科会が考え直すことを求めたときで、政府側はこれを直ちに受け入れたというときです。福田先生がおっしゃるように、むしろこの件は分科会と政府との関係性は健全であった、と思います。提案は分科会側もそうですが、政府側提案を決定案として見せて、それを分科会が後追い承認をするというような組織ではなく、議論をした結果結論を出す場であるべきと思います。提案はあくまでも提案で、決定ではありません。議論の中では政府の意見と正反対の意見が出てくることもあります。メディアも政府提案は了承されるものだと思い込んで報道している。そうであれば「議論の場」としての意味はなくなります。ただ、最終的になぜそのような決定に至ったのかというプロセスは明らかにすべきと思います。

福田　分科会という一つの組織でも、岡部先生、尾身茂会長、西浦教授など様々な立場の専門家が所属していて、それぞれ専門分野での発言をしていると思います。でもわれわれのような市民にはメンバーが一緒に見えてしまいます。誰がどんな研究をしているのかというところまで丁寧に見ている人は少ないと思います。ですから、大多数の市民にわかるように説明していくことが求められていると思います。

岡部　様々な領域の専門家がメンバーになっているので、意見の対立があって当たり前だ、と思っています。メディアから「分科会の内部ではコンセンサスはとれているのか」という質問を受けることがあります。いやいやもう、分科会の手前の非公式な勉強会では皆で侃々諤々《かんかんがくがく》の話し合いをしていますよ、とお伝えしています。そして最終的にコンセンサスの得られたことを尾身さんが委員長としてまとめるという形になっています。

福田　多種多様な考え方、アプローチを議論する場であって、異なる意見が出てくるのは当たり前であり、むしろ健全ですよね。同じ意見、政府の考えを意識した意見ばかりだと、それは全体主義国家です。政治家と専門家が衝突しながらも、意見を交わし、一つの案を出すというのは日本のような民主主義国家だからこそできると思っています。それがリスクコミュニケーションですし。

新型コロナで見えてきたこと

福田　新型コロナのパンデミックはウイルスの脅威だけではなく、これまで表に出てこなかった様々な問題をあぶり出しました。岡部先生のご専門の立場から医療の望ましいあり方、また、望ましい形にするためにとるべき対策についてお聞かせいただけますか。

岡部　日本の医療は「私《わたくし》の医療」と言えるほど、一人ひとりへのケアは徹底され、保険証一枚あれば誰でもどこでも少額の自己負担で一定のレベルの医療にかかることができます。しかし、今回の新型コロナのような感染症が起きると医療現場は崩壊寸前まで追い込まれました。そこで見えてきたのは、日本の医療体制は突発的なスケールの大きい危機に弱いということです。そこで危機に強い医療体制の構築をするためには、システマティックな組織作りが急務です。そしてシステマティックな組織にはスムーズな指示を行える「司令塔」の存在が不可欠です。「司令塔」を中心にしたシステマティックな医療現場を整えることで、感染症と通常の診察も同時並行できますし、市民の健康を損なわずに普段の医療も行えるので、公衆衛生の強化にもつながっていくのでは、と思っています。

福田　これまでの新型インフルエンザやＳＡＲＳなどのような感染症、そして今回の新型コロナウイルスで経験したことが、現在の新しい状況に向き合うために活かされていないように思います。今回の新型コロナで経験したことを、今後発生するであろう、新しい感染症パンデミックに活かせるように、制度改革を続けていかなければなりません。

岡部　感染症、特に新たなあるいは国内にない感染症は非日常的な病気であるので、今やるべきなのか、今やって後で活きるのかという声は必ず出てくると思います。また、国全体に関わることなので、政治主導で進めなくてはならず、何らかの政治的な駆け引きも生じてくると思います。そのようなとき、われわれのような医療関係者は政治の風向きを意識するのではなく、医療の立場に即して発言し続けるべきで、そのスタンスは絶対に崩してはいけないと思います。そのスタンスをもとに、政治家、医療・医学の専門家、そして他の分野の専門家、さらに市民の意見を丁寧に聞き取っていくことが専門家の役割だと思います。

しかし、意見を総合的にまとめるとなると万人にとってハッピーになるわけではないので、またここでも反対の声が出てきます。その反対の声を丁寧に聞き、お互いにできるだけの納得を得たうえで対策を講じていく、そういう地道なことを繰り返していくことが大事ではないでしょうか。もちろん理不尽な意見、非科学的な議論は受け入れられませんが、異なる意見、耳の痛い声を無視するのではなく、しっかりと向き合うこと。臭い物に蓋をするというのでは何も解決しません。

新型コロナを通じて得た教訓といいますか、われわれすべての市民が気付かねばならないのは、私たちの行動はコミュニケーションの上に成り立っているということです。またコミュニケーションは今さらではありますが一方通行ではない。双方向であって初めて成り立つと思います。望ましいコミュニケーションには、多くの人の積極的な関わりが必要であり、そういう有意義なコミュニケーションのために、専門家が果たすべき役割は大きいと思います。今後新しい感染症が発生する可能性はあり得ることで、今回の新型コロナで得た教訓をいかに活かすか、そういう面でわれわれのような専門家の力が今、試されているのだと痛感しています。

【特別対談】

レジリエンスの強化につながる災害対策を

廣井悠×福田充

廣井 悠
東京大学大学院工学系研究科都市工学専攻・教授。

1978年生まれ。慶應義塾大学理工学部卒業後、名古屋大学減災連携研究センター准教授等を経て、2021年から現職。

博士（工学）、専門社会調査士。専門は都市防災、都市計画。

主な著書・共著に、『知られざる地下街：歴史・魅力・防災、ちかあるきのススメ』、『これだけはやっておきたい！帰宅困難者対策Q＆A』など。主な受賞に、文部科学大臣表彰若手科学者賞、東京大学工学部 Best Teaching Award など。内閣府「首都直下地震帰宅困難者対策検討員会」の座長なども務める。

地震・津波などの自然災害、そして原発事故などの大規模事故に象徴されるような災害大国である日本において、レジリエンスを高めるための努力が続けられている。レジリエンスを高めるためのパラダイム・シフトには、「クライシスマネジメントからリスクマネジメント（防災・減災）へ」「公助から共助・自助へ」「ハード対策からソフト対策へ」という潮流がみられるが、その流れの中で「リスクコミュニケーション」はどのような役割を果たすのだろうか。また、イノベーション・テクノロジーがもたらす新しい災害対策の可能性とその問題点について議論したい。

リスクマネジメントにつながる調査を

福田　今年（二〇二一年）は東日本大震災が起きてから一〇年という節目の年でした。この大震災は、大地震がもたらした大津波、そして原発事故が連動した大規模な複合災害の特徴を持っていました。東北地方太平洋沿岸部で広範囲の被災地、戦後最大の犠牲者、行方不明者の発生、原発事故で長期避難、移住を余儀なくされた被災者など、多くの課題を残し、いまだに解決されていません。

大震災発生後、復興にこれだけの長い時間がかかる過程を経験して、頑健な町を再建する「ロバストネス」の観点での「復興」ではなく、大災害に耐えうるしなやかな復元力を持った「レジリエンス」観点での復興、町づくりが必要だと感じました。

廣井　私は二〇〇〇年代以降、被災地調査を数多く経験し、福田先生とも二〇〇五年の福岡県西方沖地震の被災地調査でご一緒しました。ただ、私はそもそも応用数学の出身ということもあり、耐震補強や避難などの防災行動を人々が選択する意思決定メカニズムを数学モデルで記述し、これを用いて政策・施策の影響を量的に把握するといった、数理的なアプローチから都市防災を主に研究してきました。しかし二〇一一年三月一一日に発生した東日本大震災は、それまでの私の研究スタイルを大きく変える大災害となってしまいました。

東日本大震災ほどの災害規模になると、若手研究者は無力です。直後対応の専門家でもない私がこれから何をすべきか思い定めるには二、三日の時間を要しましたが、悩みぬいた末に最終的にたどり着いた答えは、徹底的な災害調査でした。現在起きていることをくまなく調べ、後世に残る資料にしたい。それも自分の専門分野に近く、できるだけ新しい課題を三、四年かけて調べたい。このように考えた結果、いくつかの新しい問題にアプローチをしましたが、その一つに「津波火災の研究」があります。

「津波火災」という現象をご存知でしょうか。東日本大震災では津波浸水地域で数多くの火災が発生していましたが、その原因やメカニズムは必ずしも明らかになっていませんでした。このため被災地調査では、ＧＰＳを用いて延焼領域と面積を把握するだけではなく、被災地の消防団や消防本部に共同研究者と足しげく通い、何十回ものヒアリングを行いました。また数多くの被災者の方々から貴重なお話を伺いました。これらの調査によって、少なくとも東日本大震災で発生した津波火災は「斜面瓦礫集積型」「都市近郊平野部型」「危険物流出型」「電気系統単発出火型」の四つのパターンに分類でき、それぞれ異なる出火原因や地形のもとで発生することなどがわかりました。これらの火災データについては、日本火災学会の東日本大震災火災等調査報告書でエクセルデータにより公開しています。

これまで対策はおろか、その全体像すらわかっていなかった「津波火災」を網羅的に調査し、発生メカニズムの傾向や発生件数をデータとして記録し、そしてそのデータを社会に対して公開する。これによって被災地はもちろん、まだ津波災害の発生していない未災地の対策にも活かすことができますし、次の世代の研究者が生データを活用し、将来に新しい技術を使って研究してくれるかもしれません。再現期間の長い巨大災害の対策は、自治体や地域の人だけではどうしても限界がありますし、現在の科学技術にも限界がある。なので、こうした災害調査を徹底的に行い、また生のデータを残すことが災害時の研究者の役割として非常に重要だと改めて強く思いました。

福田　大災害の被災地調査という実証研究だからこそ見えてくる実態を、社会調査によって明らかにして、それを学会等で研究発表し、論文やメディアの取材で社会に提言することで、社会の災害対策に資することは、リスクコミュニケーションの重要な実践過程だと思います。

リスクに対する「正しいイメージ」を伝えるには

廣井　ところで東日本大震災では、津波が襲ってきた後に海沿いの地域で「津波火災」があちこちで発生したと申し上げましたが、もし津波が迫っている中で、津波火災が発生する可能性もあるという場合、どうされますか。選択としては、とにかく津波から身の安全を確保すべき、あるいは津波火災が発生するので広い高台などへ逃げる、などがありますが、こういう状況下ではどう逃げたほうがよいと思われますか。

福田　これはシチュエーションによって判断が分かれますね。なので決断するのはなかなか難しいと思います。ただ、津波のほうが陸地に押し寄せてくるスピードがかなり速そうなので、津波から逃げることを優先すべきでしょうか。

廣井　そうですね。福田先生がおっしゃるように、このような二者択一を迫られたら、津波から逃げることがリスクマネジメントとして最優先なのではと一般的には考えられます。実際、震災では「津波火災」で亡くなった方のほうが少なく、死亡者の大半は「津波」から逃げ遅れてしまったケースでした。さて、先ほどの問いですが、実はこれ、私がある住民の方から実際にお聞きした話に基づいた問いなのです。その方は、「津波火災は怖いものだということが報道等でわかったので、これからは津波が来るときは、津波火災で燃えそうな津波避難ビルには行きません」とおっしゃっていました。

それを聞いたときに、リスクを正しく伝えるのは難しいと改めて感じました。たしかに津波火災も危険なのですが、津波火災については東日本大震災以降、メディアが派手な映像を使ってその恐ろしさをあまりにも強く伝えすぎて、人々の間に「ひどく恐ろしいものだ」というイメージが刷り込まれてしまっている傾向を、何となく私も感じ取っていたのです。これは火災旋風などについても同じかもしれません。自然現象としてあまり一般的でなかったり、意外な現象があったりすると、メディアはそれに飛びつき、なぜそのような現象が起きたのかを繰り返し報道します。しかし重要なのはリスクマネジメントの考え方です。もしかしたら津波火災を気にしすぎるあまり、津波がすぐそばに迫っているのに無理して遠くの高台に向かおうとして、津波避難ビルなどが十分に活用されないかもしれない。そうすると津波火災の危険性を叫びすぎることで、かえって人的被害は増えてしまう可能性もあります。研究予算を獲得するときなどは、きれいで万能感溢れるシミュレーションを作り、恐ろしい現象であることを強調することでよい結果が得られるかもしれませんし、メディアも視聴率が得られるかもしれません。それは否定しませんが、しかしこのようなリスクの伝え方を一般の住民の方にしても、必ずしもよい効果が得られるとは限らないのです。

福田　テレビが伝える映像のインパクトは凄まじいものがありますね。それだけに恐怖説得コミュニケーションの効果をもたらして、災害の社会教育に役立つ部分もあるのだと思いますが、人々に恐怖を与え過ぎると、適切な対応行動が引き出されないというマイナス要素があることも、社会心理学の分野では明らかになっていますね。恐怖を与え過ぎず、同時に、的確な判断をしてもらうための情報を提供する、その塩梅《あんばい》が難しいですね。

廣井　津波火災に限らず、そもそも実際に市街地火災に遭遇したことがある人は少ないので、どのように火災が拡大していくのか、どのようなタイミングでどう逃げたらよいのか、などのイメージがしにくいのです。なので恐ろしさを強調するだけでは限界があるでしょう。それに対し、水による災害はここ数年、広範囲にわたって頻発しておりますし、どのくらい雨が降ると危険なのか、道路や家が水没しないようにするには何を準備すればよいのかということを事前に予測あるいは検索できることも多いので、リスクコミュニケーションのやり方は異なるかもしれませんね。

福田　毎年のように発生する豪雨や台風による河川の氾濫や、土砂災害の場合は、発生後にテレビや新聞、ネットでもメディアスクラム（集中的過熱報道）的な現象が起こりますので、メディアを通じてその被災地の映像を人々はイメージしやすくなっていますね。それも災害のリスクコミュニケーションであって、大事な社会教育だと思います。

となると、火災が起こりうるケース、万が一火災が起きてしまったときにとるべき行動についていかに個人個人で「正しいイメージ」を持ってもらうかが大事になりますね。

廣井　その際、「負の面」だけを感情的に全面に訴えるのではなく、事実に基づいた客観的なデータを提示したうえで、これに基づいたリスクマネジメントをする考え方が必要となります。冒頭でお話しした、被災地での消防団や地元の方々への聞き取りで得た情報をもとにして作成した、津波火災の四つのパターンなどがそれにあたると思います。

つまり、このようなイメージを持ちにくい災害リスクを対象とする場合、CGやビデオを見るだけの座学や簡単な訓練だけでは十分でないでしょう。火災が起きたらどのように広がり、避難や救助や消火活動も含めて、発生地に居合わせてしまった人は何をしなくてはならないのかということを、身をもって「自分事」で理解していただかないとあまり意味がないと思います。経験している人が少ない現象こそ、「正しくイメージしてもらう」体験型のワークショップや講演会が望ましいと考えており、実際に私も市街地火災から避難するためのワークショップを主催したりしています。

「自分事」としてリスクをとらえる

福田　ワークショップといえば、学校や企業、自治体などで毎年、避難訓練が行われておりますね。クライシスマネジメントとリスクマネジメントの面からも、避難訓練は有効な社会教育の手段です。しかし、避難訓練をこれほどまでに実施しているのにもかかわらず、なぜ被害がなかなかなくならないのでしょうか。

廣井　そうですね。避難訓練も過去の経験を活かした内容にバージョンアップされていると思うのですが、まだまだ十分ではないかもしれません。そもそも、直近で起きた災害やある一つの想定をなぞるだけの避難訓練を繰り返すパターンがあまりにも多いと思いませんか。同じような訓練メニューをただ繰り返すだけだと、想定した災害には即効性は高いかもしれませんが、状況が異なる将来の災害には通用しないことも考えられます。「おはしも（押さない、走らない、しゃべらない、戻らない）」に代表されるような、避難行動を単純に規範化して覚えてもらうだけの訓練も確かにわかりやすいのですが、これだけで想定外の災害に対応ができるとは限りません。受験勉強で言うところの「過去問丸暗記タイプ」の訓練とでも言えるでしょうか。

福田　なるほど、直近の災害の事例とイメージに避難訓練の想定やシナリオが引きずられてしまいがちなのですね。でも次に起きるときはもしかしたら訓練した内容とは異なる被害が生じるかもしれません。いろいろなパターンを予測し、自分なりにイメージした対策が必要ですね。社会の中で共有された避難訓練や社会教育から、自分自身の仕事や家庭の環境の中でそれらが発生するとして、その場合に具体的にどのように備えて、どのように行動するか、ということを自分個人の状況で想定してシナリオを立てるということでしょうか。

廣井　例えば通勤行動を例にとると、私たちは普段、会社や学校などに行くとき、電車やバス、徒歩など、自分自身に適したルートを組み合わせますよね。その際に、こちらの大きな通りを歩いたほうが歩きやすいな、とか、バスで向かったほうが短時間で到着できる、このルートのほうが安いなどのように、どのような経路をとれば自分の効用を最大化する選択ができるかを知った上で移動しています。

福田　自分自身の生活環境の中であれば、毎日のルーティンによって記憶されたパターンやイメージというものが誰にも具体的にありますね。その感覚、つまり、自分でまずはイメージを描き、自分で考えるということですね。

廣井　そうですね、このような通勤行動は毎日選択を繰り返していることもあり、頭の中である程度の地図ができているのです。日頃からいろいろなシミュレーションを頭の中でしている、最低でもした経験が過去にあるので、事故で電車が止まるという事態に直面した際も、この路線がだめだったら、こっちの路線を使おうという的確な判断ができます。一方で、災害はあまり経験することではないので、頭の中に地図ができていません。

課題を可視化して共有する

福田　近年、AIやビッグデータなどのイノベーションが、災害対策に活用されるようになってきました。同時に、ドローンやロボティクスなどのハード技術も災害の現場では活用されています。新しい技術においてもハード面とソフト面の双方向からアプローチができるようになってきているわけですが、廣井先生はこのような状況をどのようにお考えですか。

廣井　そうですね。例えば私はここ最近、災害対応ＡＩの研究に取り組んでいるのですが、この中の一つの要素技術として、定性的被害の即時予測システムの技術開発があります。これは、どのような災害が将来的に起きうるのかをリアルタイムで予測してくれる技術です。研究では、新聞記事やニュース原稿の中から「したがって」「よって」「……して」などといった因果関係を示す接続詞を抽出し、その接続詞の前後に記載された事象をつなげていくことから始まります。これを膨大な文書やデータをもとに作業することで、「地震」→「倒壊」→「火災」→「延焼」といった、これまで人類が経験した大量の災害連鎖構造を自動的に抽出することができます。この地図を事前に網羅的に作り込んでおき、いま発生している災害で生起している現象を原因としてあてはめることで、未来の結果が数珠つなぎで明らかにされる、つまり将来の災害連鎖構造を知ることができます。ゆくゆくは、これを行政の災害対策の意思決定の場面で活かしてもらいたいと思っています。

福田　新聞記事の中に災害対策に活かすべき「カギ」があり、それを行政の災害対策や決定の場で活かそうということですね。膨大な情報量ですし、こういう調査は人の手ではなかなか厳しいのでＡＩの活用は有効だと思います。

廣井　しかし、こうしたＡＩやビッグデータの力を過信することは禁物です。われわれ人間からみれば、これらはまだまだブラックボックスな部分も多い。にもかかわらず、われわれはＡＩから指示されたらその指示に無意識に従ってしまうかもしれません。そもそもこのような技術は、未経験の災害現象にはなかなか通用しません。

福田　では最新鋭のあらゆる技術と卓越したＩＴ人材を投資して「最高級レベルのＡＩ」を構築しても、災害対策の面では限界があるということでしょうか。

廣井　いくら技術が革新的に進歩したとしても、最終的には「人の頭」に頼るしかないという部分が残されるのではないでしょうか。そこで重要になってくるのが、機械と人の役割分担、そしてこれらの技術を下敷きにした災害イメージの形成プロセスです。網羅的に作り込んだ災害連鎖構造をもとにして、様々な人がそれぞれの立場に即して議論することでその地域やその組織なりの課題が可視化され、共有され、次にとるべきアクションと役割分担が明確になります。この研究は災害対応の意思決定だけではなく、ゆくゆくは防災教育にも活かすこともできると考えています。

防災教育に活かすとはどういうことかというと、例えば私は帰宅困難者対策の研究をしておりまして、東日本大震災当日に首都圏で帰宅できなかった帰宅困難者に対するインタビューをこれまでに多数行っています。その中には、震災当日に電車が止まって、会社近くのホテルに宿泊した人が、わずかながらいるんです。あの日、どのホテルも満杯だったのに、どうして彼らが予約できたのかというと、彼らは本震で揺れている間にホテルに電話をして部屋を予約できているんです。つまり「地震が起きると、電車が止まる、そうして、帰ることができなくなる、ホテルは満室になってしまうし、電話も輻輳してしまうので、すぐに予約をしないといけない」という災害連鎖構造が、揺れた瞬間に瞬時に彼らの頭の中で構築されているんです。国民一人ひとりが、このような先読みをすることができれば、災害による被害を飛躍的に減じることができるかもしれません。

福田　人それぞれ個人個人の中にも先を読んでそういう対応をとった方がいたのですね。そのように危機において先を読んで行動できる人のリスクリテラシーは、普段、平常時からの学びや理解が構築されていないと難しいですね。そうした知恵（インテリジェンス）というものは、スマホやパソコンが普及したＡＩの時代でも、「人」によって培われて、社会で共有されていくものですね。それも大事なリスクコミュニケーションだと思います。

個々に対応したAIを

福田　こうしてみてみますと、ＡＩは「災害対策の現場支援ツール」「多様な人たちに向けた情報の支援ツール」「社会教育としてのツール」という三つの柱、可能性を秘めていますね。

廣井　ただ、先ほども申し上げたように、機械が最適化してくれた答えが本人にとってべストというわけではないということも常に頭の中に入れておいていただきたいのです。これは行政による災害情報も同様だと思いますが、「次はこうしてください」と指示のような情報を与えてしまうと、今度は私たち人間の「主体性」や「自由」が危ぶまれてしまいます。

自然災害で毎年一〇〇〇人、二〇〇〇人以上の人が亡くなっていた時代と現代は異なります。災害リスクも質的にますます変容し、ペットを避難所に入れることの是非のような、多様な価値観を前提としたうえで決めなければならない課題も数多くあります。コロナ禍でさんざん議論されているように、自由・人権、そして日常性という枠組みの中でいかに命や安全を守るのか、ということも考えなくてはならない。現代の技術は災害による被害を正確に予測できるものではありません。したがって、究極的には災害時に何が正しい行動なのかは本人にしか決められない、という側面もあります。

福田 ＡＩには人間の持つ、複雑な関係性を読み取るのは非常に難しいですよね。また、コミュニケーションのテクスト（メッセージ）ではなく、その背景にあるコンテクスト（文脈）を理解することはさらに難しい。

近年、防災情報が非常に高度になってきておりますし、そういう中で防災教育とはどうあるべきか、そして主体性とは何かということを考えていかねばならないと感じています。

決めるのは「わたし」

福田　廣井先生は「工学」だけではなく、「社会」の両方の立場で防災について考えておられますね。両方の立場を踏まえ、これからの市民の防災教育のあり方、大枠で言いますと、リスクの社会教育のあり方とはどういうものだとお考えでしょうか。

廣井　「教育」というと、誰かが正しい答えを教えてくれるものだというイメージを持つ人も多いですよね。でも防災については、先ほどお話ししたように、個人がどう考えるのかという部分も大きいと思っています。誰かがこう、と言ってそれに従うものではないのです。そのためにはきちんと評価できる、議論できる環境作りが必要です。議論に資する客観的な素材やデータを提供しつつ、そうした場を実現することが、われわれ研究者の役割であると考えています。

福田　政府や自治体、専門家に頼るのではなく、市民が個人の立場から議論をする上で大切なことは何でしょうか。民主主義の社会においては、災害対策や危機管理の論理を優先した正当な解答を求めるのではなく、市民が自分たちの社会がどうあるべきか、多様な価値に基づいて議論し、合意形成していく過程こそが、リスクコミュニケーションにおいては重要なカギとなると思います。

廣井　例えば津波被害が想定される街の住民に、次の三つの絵を見せるとしましょう。一つは「防潮堤が全くない街の絵」、二つ目は「巨大な防潮堤でがっちりと囲まれている街の絵」、そして最後に「何もない野っ原の絵」です。つまり、津波に対してノーガードがよいのか、要塞化がよいのか、撤退がよいのか、という話です。災害から住民を守るためには、周囲を丈夫な壁で囲んだほうがよいと思ってしまいがちですが、そこに実際に暮らしている人からすれば要塞化された街で暮らすことは、鬱々とした気持ちになるかもしれません。防災だけではなく、日常のことも考える必要があります。とすると、その地域に合った防災の方針を決めるには、行政や専門家が計算式で求めるものではなく、その街がなぜここにあり、どう歩んできたか、災害リスクはどの程度か、地域の人はどうしたいのか、など歴史や生業・地形なども含めた、様々な地域の文脈を把握していないとうまくいきません。「安全であればそれでよい」という防災だけの視点からの対策は受け入れられないと思います。

福田　かつては地震から社会を守るため、津波から地域を守るために、コンクリート壁を作り、堤防を作るような災害対策、ハード対策が中心の時代が続きました。しかし、そこに暮らす人々の生活や幸福を守るために、ハード対策一辺倒でよいのか、人々の生活環境や幸福はどのように守られるべきか、民主主義社会における災害対策のあり方について、市民が参加して議論することによって、合意形成に基づいた民主的な災害対策のあり方が求められていますね。

廣井　私は歴史的な街並みが好きで、特に岐阜県の飛驒高山には名古屋に住んでいたときによく行きました。このようなきれいな伝統的な街並みも火災や地震が起きたらアッという間に壊滅するかもしれません。しかし、だからといって、被災を恐れて木造建物を全部壊して、RC構造の建物ばかりにしてしまうと、地域資源がなくなってしまい観光産業が停滞し、また地域としての魅力も文化的な価値も損なわれてしまうかもしれない。防災対策を否定する人はあまりいません。誰がどう見ても重要な対策に思えます。しかし、地域にとっては防災だけが唯一の目的ではありません。防災は手段にすぎず、あくまで目的は「幸せな都市・社会の実現」にあるわけです。なので、防災街づくりは安全性を高める一辺倒でなく、要塞化や撤退がベストな解決策ではなく、防災の取り組みを通じてよい地域を創るという発想が重要です。私はこれを「防災から街づくり」と呼んでいますが、防災というツールをうまく使いながら街を元気にできたら一番よいですよね。

福田　そこに住む一人ひとりが自己決定し、行動すると次第に強くて自由な社会を作ることができるのですね。先ほども話に出ましたが、AIなどのイノベーションもこういう流れを支援するというのが、本来あるべき姿なのでしょうね。

廣井　そうですね。ただやはり、「人間が中心である」ということは大切にしなくてはなりません。防災対策は個人が決めるべきですが、一方で、行動経済学などでよく言及されるように、人間は基本的にリスク対策を疎かにしがちな生き物です。不確実な未来に対してなかなか防災投資はできません。制度設計者やプランナーは、このような相反するようにも見える、人間のリスクに対する二種類の特徴をよく理解しておく必要があります。

それと、先ほども少し触れましたが、「受験勉強」と「防災」は似ている、と思うところがあります。受験勉強はできれば避けたいですよね。防災も同じです。また、受験勉強は志望校に受かるための戦略が必要で、さらに踏み込めば、志望校に合った戦略が欲しいところですよね。防災も同じことが言えまして、地域の特性に見合った戦略を立てることでより効果が大きくなるのです。なので、防災の取り組みは地域を一番よく知る、地域住民の方々が主役だと考えています。さらに、受験勉強も防災も自主的に行動しないと意味がありません。親や教師から「勉強しなさい」と言われて机に向かうのと、「あの学校に行って○○を学びたい、○○になりたいから勉強するぞ！」と自主的に机に向かうのでは、どちらが成績アップ、そして志望校合格が近付くのか明確ですよね。防災も同じく、地域住民の方々が、その地域の将来展望を持てるかどうか、共有できるかどうかが重要ではないでしょうか。

福田　もちろん、自分で主体的に行動したほうが、人は満足度が高いですよね。「インボルブメント」（自己関与度）と呼ばれる問題ですが、ボランティアのように、自発的に行った行動のほうが人は満足度を得られることが明らかになっています。自分で主体的に関与する、自分事として考えてもらう、そこにリスクコミュニケーションのあり方が問われていると感じています。

「人」も都市構成の一つである

福田　都市工学の観点で災害対策を研究されながら、社会学の観点で人々の意識や行動を組み合わせていくという研究のアプローチにおいて、都市における人の行動というのはどのように結びつき、相互作用するものなのでしょうか。

廣井　個々の人間の欲望や行動を社会が完全にコントロールするのは難しいですね。帰宅困難者の事例がわかりやすいですが、危険だから帰らないでといっても帰ってしまう人は必ず出てくるでしょう。いくら安否情報を伝えるツールがあってもうまく機能するとは限りません。なので、個人と行政の二項対立で捉えるのではなく、社会全体で対応するという発想も重要です。例えばその主役は、先ほど申し上げた地域という組織であったり、企業という組織であったりもします。例えば帰宅困難者対策は、社員の命を守る企業の役割がとりわけ重要になりますね。

福田　「人の行動」といいますと、福島第一原発事故では、避難生活や移住を強いられている方の問題は解決できていませんし、避難地域の過疎化も問題になっています。

廣井　そうですね、本当に苦しい状況のままです。広域避難者の方々への調査から、事故後、なんとか原発周辺から避難できた方々でも、長期にわたる避難、さらに慣れない地域への引っ越し、経済的な不安などから精神的ストレスを抱え、苦しんでおられる方が相当数いるということがわかりました。

しかしこの現象は、原子力災害以外でも今後発生しうるかもしれません。例えば私は南海トラフ巨大地震後の疎開シミュレーションに関する研究を行っていますが、被害の大きさによっては、仮設住宅不足によって、被災した沿岸部から多くの被災された方が長距離の疎開をせざるを得なくなるケースも考えられます。東日本大震災の教訓をどう活かし、被災された方をどう支援していくか。そして大規模疎開発生後に被災地域の過疎の問題をどう解決するか、という対策も同時に考えていかねばなりません。

福田　災害の被災地が復興していく過程をよく見てきましたが、道路がきれいに舗装され、新しい家屋やビルが建て替えられて並んでも、とても人工的で寂しい印象を受ける街並みもあります。地域の復興は、街の復興という観点でとらえられがちなのではないか、と思うのですが、現在は人の生活自体の復興に重点を置いた、「人間の復興」という概念も生まれてきました。「人間の復興」という理念、価値を実現させるためには何が重要でしょうか。

廣井　ありきたりかもしれませんが、産業を中心に据えた対策も必要ではないでしょうか。橋や道路を作っただけでは人は戻ってきません。働く場所があるからこそ人の生活が成り立ちます。つまり、産業と絡めた復興が必須です。そういう意味で、「人」も「企業」も都市の構成要素の一つとして考えた災害対策が急務になってきていると痛感しています。そして「人間の復興」のために、災害後も見据えてレジリエンスを高める努力を地域に関わる人が全員で取り組む、それが今後の災害対策の目指すべき方向性ではないでしょうか。そのために、ＡＩだったり、住民の方々の話だったり、活かすべきものを適材適所で活かす。議論できる場を作る。そして、われわれのような研究者が行っている調査や研究成果も活かしてもらう。街に関わる人が「この街はこうあるべきだ」と自分事として街の現状や将来の姿を共有する。これらが防災対策の原点であると考えています。

【特別対談】

ネットやSNSは私たちを幸せにするか

津田大介×福田充

津田大介（つだ・だいすけ）

ジャーナリスト、メディア・アクティビスト。

1973年生まれ。

政治情報サイト「ポリタス」編集長。「ポリタスTV」キャスター。

主な著書に『情報戦争を生き抜く』、『ウェブで政治を動かす！』、『動員の革命』、『情報の呼吸法』、『Twitter社会論』など。共著多数。

週刊有料メールマガジン「メディアの現場」を配信。

市民が多様なメディアを通じて社会の諸問題を設定し、議論し、合意形成を経ながら、問題解決のための政策決定に結び付けていく過程を、本書では「民主主義社会におけるリスクコミュニケーション」の機能の一つとしてとらえたい。

では国内外で実際に起こっている問題がインターネットやSNSを通じて市民によってどのようにコミュニケーションされ、社会に変化をもたらしているだろうか。民主主義社会におけるインターネットやSNSなどのメディアと、それをプラットフォームとして実践しているリスクコミュニケーションのあり方について津田大介氏と議論した。

「信頼できるかどうか」が情報取得の第一前提

福田　津田さんとは「ネットとリスクコミュニケーション」をテーマに議論したいと思っています。私はインターネットをめぐる問題を追究するジャーナリストとして、以前から津田さんに注目してきました。特に、ツイッターやフェイスブックなどのSNSにおけるコミュニケーションについてジャーナリズムの視点から論じる第一人者だと思っています。

しかし、ある時期からSNSとインターネットの枠を超えて、日本や世界で発生している社会問題を直接取材し、オピニオンを提言されるようになった印象を抱いています。津田さんが、ネットやSNSだけではなく、世界の社会問題に関して直接的な取材活動を広げるきっかけについて教えていただけますか。

津田　二〇一一年の東日本大震災と福島第一原子力発電所事故ですね。私は東日本大震災が起きてからしばらくして被災地に行き、現地で復興支援に携わる人たちを情報発信の側面からサポートする活動を行い、ジャーナリストとして取材や情報発信に関わるようになりました。東北の被災地と東京を行き来する間に、テレビや新聞などのマスメディアが行っている報道のあり方や、政府や東京電力などの情報発信のあり方に対して次第に疑問を抱くようになったのです。

震災直後から放射能に関する情報がテレビや新聞、雑誌を通じて大量に流されていたことは多くの人の記憶にあると思います。しかし、それらを見聞きして「確かな情報を得た」と実感できた人はどのくらいいたでしょうか。あるテレビ番組では「放射能は危険だ」と話すコメンテーターがいる一方、別の番組では「放射能は心配するほど危険ではない」と話すコメンテーターもいて、「一体、放射能は危険なのかどうなのかわからない！」と混乱してしまった人が多かったのではないでしょうか。私はある方の言葉が大変印象に残っているのですが、その方は、「入ってくる情報が多くて、放射能について考えることに疲れてしまいました」と話していました。そのときに思ったのは、原発事故や放射能、今で言えば新型コロナウイルスのような未知の部分が多い情報が大量に世の中に溢れかえると、人は考えることを止めてしまうという危険な状態に陥ってしまう、ということでした。

福田　たしかに、あの頃はテレビをつけると毎日毎日、放射能のことを放送していましたよね。日本であの規模の原発事故は初めて経験することでしたので、被災者だけでなく、日本全体に不安が蔓延したように思います。さらにはテレビや新聞も、内閣官房や東京電力が発表する記者会見の情報をそのまま流すだけの「発表ジャーナリズム」のような状況に加えて、ワイドショーや週刊誌では、何が正しい情報なのかわからなくなるような状況も発生しました。実際に私自身も情報不信になりました。

津田　そういう状態になってしまうと、福田さんだけではなく、ほぼすべての人がテレビや新聞に対して「不信感」を抱くようになりますよね。だからネットやSNSのほうへと向かうのは自然な現象であったと思います。例えば、ツイッターの世界には、テレビ番組には出ないけれども（テレビ局から呼ばれなかった）、理系や医学系の専門家の方がいましたし、彼ら彼女らから専門的な情報を得ることができたのですから。

福田　テレビや新聞の報道だけではなく、国や自治体の情報発信も混乱していました。例えば、放射能の情報が曖昧で、水道水が汚染されているのではないかと水の買い占めが起きましたし、首都圏では突然、計画停電をやりますよということで帰宅時のラッシュが酷い状態になりました。そういう悲惨な状況の中、「政治をこんな人たちに任せておいて大丈夫なのか」と市民の中に疑念が湧いていたので、あの当時、リスクコミュニケーション、クライシスコミュニケーションは崩壊していました。それが今の政治やメディア不信にもつながっていると思います。

津田　二〇一二年、環境省のPR企画で被災地で発生したがれきの広域処理に関するテーマで取材・寄稿したことがありました。取材を進めていく中で、ベルギーの食糧安全庁のリスクコミュニケーションの取り組みを知り、がれき問題でその対応のまずさが露呈した日本はベルギーに学ぶべきだなと感じました。一九九九年、ベルギーで国産食肉のダイオキシン汚染問題が起きました。政府調査で鶏肉からもダイオキシンが検出されたのですが、人々がパニックになるのを恐れ、汚染の事実を公表せず、約一ヵ月も放置していたのです。次第にダイオキシンとは無関係な食品への「風評被害」も広がっていってしまった。

福田　ひどいですね。「隠蔽」「放置」は、リスクコミュニケーションでは絶対にしてはならないことです。

津田　その後、ベルギー政府は事件再発防止のため食品の安全性を監視する新機関「ベルギー連邦フードチェーン安全庁」を設立し、情報の一本化と公開を進めました。また、厳しい安全基準とそれを保守するための厳しい罰則をはっきり提示し、メディアに積極的に情報を流すことにしたのです。事件の発覚から一年でベルギー製品の輸出制限は解除されたのですが、人々が安心して国内の食肉を購入するようになるまで四、五年もかかりました。
このベルギーの事件と日本での広域がれき処理の問題を通じて感じたのは、政府と市民のリスクコミュニケーションが一度こじれてしまうと、信頼関係を復活させるのはかなり難しいということでした。ベルギーは初動こそミスをしましたが、その後は情報をオープンにわかりやすく伝えています。その一方、日本の政府や自治体は曖昧な情報のまま開示したり、しなかったりした。そういう状況だと、自治体、専門家、民間企業などあらゆる人の知恵と意見を出し合うことがなかなかできないんですよね。結論としては、日本人は極端にリスクコミュニケーションが下手な集団であるなと……。

福田　情報を得る手段が多種多様になっていくにつれ、われわれのほうも「信頼できるかどうか」ということでメディアを判断し、選別している。その「信頼」も単に情報を流すのではなく、様々な人が関わり合いながら形成される情報のほうに信頼を寄せる傾向が強まっている。まさにネットやSNSが構築する集合知によって形成されるリスクコミュニケーションの新しい形ですね。ですから、メディアや国や自治体側にはますますこのリスクコミュニケーションの過程に、より積極的に関わる姿勢が不可欠なものになっています。

「ボトムアップ型」の情報発信の可能性

福田　今、世の中はSNSやネットなしでは成り立たないほどになっています。私自身もプライベートではなく、研究や教育の観点からも、情報収集という観点からも仕事上必要になってツイッターを二〇一〇年に始めました。しかし、情報をネットやＳＮＳを介して伝える、というのはリスクが高い。不確かな情報が速く広く伝わってしまう「インフォデミック」はそのリスクを象徴している事象で、情報の内容や伝え方に十分留意しなくてはなりません。中でも、災害のような一刻を争う場面では一度間違った情報が出回ると収拾がつかない状態に陥る危険性が高い。

津田　たしかに、インフォデミックの危険性を考えると、ＳＮＳやネットは既存のメディアよりもダメージが大きい。ですが、最悪な事態が起きないように、リスクを最小限に抑えることを念頭に置いて発信すれば弊害も小さくすることができると思います。先ほどの話の続きになりますが、放射能汚染のような安全か否かを判断することが非常に難しい問題は、「危険である」ということを含めた視点で情報を発信すべきです。それは、後々のリスクのことを考えると被害を小さく抑え込むことができるからです。しかし、あまりにも「危険だ」という面を押し出し過ぎてしまうと、その分、風評被害を招きかねないので、どのくらい危険の度合いを伝えていくか、その〝バランス〟の調整が情報を発信する側には求められています。

専門家、自治体、民間企業など、様々な人の声によって意見が作られるボトムアップ型の集合知については、私自身はわりと楽観的にとらえています。そうしたボトムアップ型の情報発信がされ始めたのも、東日本大震災が契機となっていて、特に際立っていたのが、理系の専門家や科学コミュニケーターの存在でした。

福田　実際、社会のあらゆる場所に、「専門家」がいるんですよね。その方たちが必ずしもテレビや新聞などの従来メディアに登場するわけではないし、以前は発言の場すらなかった。しかし、そうした多様な専門家が自分の発言の場を持ったのがツイッターなどのSNSだったのだと思います。

津田　そうですね。一般の人もツイッターなどSNSを利用するようになって、自分が関心を寄せる分野の専門家やコミュニケーターからの複数の情報を得て、それから自分で考えるという人が増えていると思います。

あとは、物理的に既存のメディアに登場する専門家が少なかったという事実もあります。ある事件や危機的な事態が起きると、一時的に専門家が不足します。常日頃から専門に研究されている方は政府などに呼ばれ、対応しなくてはなりません。ですから、テレビ番組に出ている人は専門分野からやや離れている人になりがちで、実はそんなに詳しくない人がコメントしているということがたびたびあります。また、メディアのほうも常に専門分野を追いかけているわけではないので、どうしても薄い内容になってしまうのです。その反面、ツイッターはその分野に詳しい専門家が自分のアカウントを持って、情報を発信できるわけですから、テレビや新聞ではなく、ツイッターで情報を得ようとする人が多くなるのは必然的です。熱心に研究なさっている専門家がツイッターをしていることもあり、信頼できる情報を得やすくなっているということもありますね。

ツイッターの仕様変更がもたらすインパクト

福田　ＳＮＳやネットというものがここまで私たちの生活に入り込んでいると、われわれユーザーも次第に使いこなせるようになってきます。ユーザーはＳＮＳやネットに対するハードルがなくなった分、誰もが情報発信できるようになり、誰もがその恩恵を享受できるようになったわけですが、その弊害のようなものは発生しているでしょうか。

津田　メディアとの関わりということに対していえば、ある程度は主体的に情報を得る環境は整っているとは思いますが、「主体的」であるがゆえの罠もあります。現在のＳＮＳや検索エンジンは「自分好みの情報」「自分にとって合理的な情報」「自分にとって有利な情報」ばかりが優先的に表示されるようになっているので、無意識に同じような情報に囲まれがちになってしまう。「フィルターバブル」と呼ばれる現象です。このような問題が出てきて、それがゆくゆくは自分と考えが合わない人たちを追いやってしまう「分断」につながっていくのですけど。

福田　二〇二〇年から現在（二〇二一年）の間に世界中で起きていることを見てみると、例えばアメリカでは、黒人差別への反対運動「ＢＬＭ」、大統領選挙でいえばトランプ派と反トランプ派というように、大きな分断が生じました。なぜここまで市民の意見や考えが分かれてしまったのかというと、ツイッターのようなSNSが要因の一つになっているように思います。ほかにもSNS上における「炎上」(フレーミング)や、誹謗中傷、個人攻撃などのような問題も、社会の分断に拍車をかけていると思います。

津田 意外に思われるかもしれませんが、もともとツイッターは炎上しにくいものでした。

福田 え、そうだったのですか。今の状況からみると考えられませんね。

津田 ではなぜ、炎上するようになってしまったのか、ということですが、リツイート機能と、「いいね!」の数の表示がされるようになったこと、ツイートに対してブログのコメント欄やフェイスブックのようにコメントが連なって表示されるようになったこと、この三つの影響はかなり大きなものでした。ツイッター社が仕様を変えた二〇一三~一四年頃、でしょうか。ツイッターにはリツイートという機能があり、他人のツイート(つぶやき)を自分のフォロワーにも伝えるというものなのですが、東日本大震災前、リツイートは非公式だったのですが、震災後は公式になったんですね。人は共感されたり、自分の意見が社会に広まったりするとやはり嬉しくなるものです。そしてより過激な内容のツイートのほうが、リツイートの数が増えるので、内容が過激化するのも自然の成り行きではないでしょうか。

福田 リツイートをされることの喜びは、コミュニケーションの「承認欲求」のようなものにつながっていて、リツイートされるように、より多くの人に読んでもらえるように、フォロワーを増やせるように、そのツイートの内容が過激になる、極端になるという側面もありますね。そうして、ツイッターは自分と自分のフォロワーを超えて、第三者に拡散されていくようになり、ダイナミックな相互作用が生まれると同時に、炎上やディスコミュニケーションも増加するという構造がありますね。

津田 ブログは自分だけのスペースで荒らしコメントは自分で削除したりブロックすることができます。それに対してツイッターはブログのコメント欄と見た目は同じなのに自らにコントロール権がない――投稿に対するネガティブな反応を削除することができないので、関係性がよりフラットになり、炎上しやすくなるのです。

また「ツイッター社の上場」も原因の一つになっているかと思います。つまり、ツイッターも一企業なので、株主から利益を上げよという圧力がかかると、なんとしても利益を増やさなくてはならないことが根っこにあるかと。利益を上げるためには多くのユーザーに注目してもらえばよいわけで、炎上すればするほど人が集まるという仕組みはツイッター社にとってはメリットをもたらしているのです。ツイッターは本来「つぶやき」と訳されていたように、独り言で緩くつながるツールでした。ツイートに対する返信も可視化されていなかったので「炎上しにくいＳＮＳ」といわれていたんですね。それが大きく変わってしまったのはこのような経済的な理由が背景にあり、結果として現在のような「いびつな」アーキテクチャになってしまったと考えられます。

福田　ツイッターがコミュニケーションのプラットフォームとしてどのような機能を持つべきか、ユーザーが使えるようにどのように環境を整備すべきか、それはユーザー側の論理であると同時に、ツイッター社がどのようなアーキテクチャでSNSをデザインするか、マン＝マシン・インターフェイス（人間と機械との間にあって、人間からの指示を機械に送り、機械からの結果を人間に送る部分。人間と機械との対話の仲立ちをする機能・部分）がどのような構造にあるかによっても、そのコミュニケーションに大きな影響を与える、ということですね。これは、危機におけるクライシス・コミュニケーションやリスクコミュニケーションで使用されるメディアの構造の問題にも深く関係していると思います。

津田　本来、ツイッターは二つの側面を持っていました。まず、情報をインスタントに届けるニュースネットワークとしての側面。そして、孤独な人たちの癒しの場。どちらも絶妙なバランスで同居、内包しているのがツイッターの面白さだったのですが、上場したこともあってか、そういう特徴が徐々に薄まってきてしまいました。このあたりはツイッターの内幕を赤裸々に描いた『ツイッター創業物語』（ニック・ビルトン著、日本経済新聞出版）に詳しいです。長らくＩＴの世界の取材をしている私としては、残念な気持ちになりますね。

歪む「言論の自由市場」

福田　二〇二〇年、コロナ禍の中でも様々な事件や問題が起きたのですが、ネットとSNSとの関連で注目したニュースといえば、「検察庁法改正案」にまつわる出来事でした。政府の判断で検察幹部の定年を延長できる規定が「人事や捜査への政治介入を招く」と問題視され、ツイッター上で「#検察庁法改正案に抗議します」という投稿が相次ぎました。リツイートが四七〇万件を超えたという数には驚きました。もしSNSが世の中になかったら、この法案は通ってしまっていたかもしれないと感じます。

津田　SNSやネットについていえば、「功」と「罪」の二つの側面が複雑に入り組んでしまっている状態になっていますね。「功」の面でいえば、これまで声を挙げることが難しかった人々、弱い立場にある人たちの「連帯」の場になっているということです。検察庁法改正案のほかにも、女性差別への異議申し立て——「#me too」をはじめとしたジェンダーの問題はSNSでつながった力があってこそ成し得たことだと思います。一方、「罪」の面では、自分の思想や意見とは異なる人を排除するという差別につながるような「分断」を生み出してしまっていることです。

福田　アメリカのトランプ元大統領のツイッターなどは一番そういう現象を象徴していましたね。自由も尊重しつつ、しかし、言ってはならない、やってはいけないこともあります。それを個人に求めていくのは非常に難しいことかと思います。

津田　月並みですが、SNSやネットの「功」と「罪」の両面にうまく対応することが必要で、そのためには、法規制やアーキテクチャの変更も必要になってくると思います。各企業が自らのプラットフォームを規制することが望ましいのですが、企業も企業ですから、利益のことを考えるとそれは難しいこともあります。そうした中、欧州は大枠では法規制とプラットフォームが自主規制する「共同規制」をかけつつ、ヘイトやハラスメントなどの個別の案件には現行法で、ということで対応しています。

福田　「分断」の根っこにある、ヘイトやハラスメントは非常に厄介な問題です。かつてユルゲン・ハーバーマスが言ったような「公共圏」という概念、現象はネットとSNSで機能するのか、「思想の自由市場」論はSNSの時代にどう変容するのか、これはリスクコミュニケーションの観点からも非常に重要だと思います。

津田　そうですね。そして今、「言論の自由市場」がかなり歪んでしまっています。二〇二〇年には、プロレスラーの木村花さんがSNSによる中傷で自殺するという痛ましい事件が起こりました。SNSは炎上すると一度に何千、何万もの声が集中しますので、一個人ではとうてい太刀打ちできない。メンタルはズタズタにされてしまいます。かつてのマスメディアによるメディアスクラムよりも過激ですね。そういう問題に対応できるのは、事業者しかない。事業者に協力してもらうためにも、経済のルールとは異なる規制を設けることがますます必要になっていると思います。もちろん表現の自由への配慮は必要ですが。

福田　世界に求められるコンプライアンス意識、人権意識などの普遍的価値を広める力と、そこから外れたものを攻撃して排除する力のせめぎ合いが起きています。いわゆる「キャンセルカルチャー」で、「正義」の押し付け合いによる衝突が生まれてしまっています。社会正義のためにみんなで、という風潮が行きすぎてしまっている印象があります。

津田　正当なキャンセル要求はあると思います。二〇二一年二月に起きた森喜朗会長の女性差別発言のようなものは、五輪憲章の精神と照らし合わせればキャンセルされて当然だったと思っています。しかし、キャンセルカルチャーはどこで「線」を引くか、が問題です。例えば、個人の問題発言をどこまでその個人が所属する組織や団体にまで拡大してよいのか、カテゴリーと空間軸の問題があります。さらに時間軸でいえば、一〇年以上前の発言を持ち出されたときにどうするのか。過去の発言はどうすれば贖罪できるのかということも含めて難しい問題だとも思います。

福田　人やその人の思想は時間や置かれた状況とともに変わりますからね。

津田　どうやら今の時代は何でも「言論の自由市場」に任せすぎてしまっているんですよね。自由は自由でよいところもあるのですが、自由になりすぎてしまうと、力を持った人、有利な人の発言力が強まり、発言力に格差が生じてしまうのです。ただ、キャンセルカルチャーが悪い、と一括りにするのではなく、世の中を適正なもの、よりよい方向へと導いていくためのものとしてとらえるべきなのではないでしょうか。正当なもの、不当なもの、ケースバイケースで対応するしかないと考えています。

SNSは人を幸せにできるか

福田 どうすればSNSはまっとうな使われ方をするようになるのか、と常に考えているのですが、なかなか厳しいですね。ネットやSNSでしか得られないことをもっと現実社会の問題に活かせば、世の中はよりよい方向に流れるのではと思うのですが。となれば、そもそもインターネットやSNSは人を幸せにするのかと思うときもあります。

よくよく考えてみると、ネットやSNSで起きている問題は、想像力や共感の欠如から起きていることが大半を占めている。つまり、互いにコミュニケーションできていないので、どうしても攻撃するような形になってしまっているかと思うのです。ですから、人がどう思っているか、そこまで考えることが必要になってくるかと。そういう意味で二〇一九年の国際芸術祭「あいちトリエンナーレ2019（以下、あいちトリエンナーレ）」に関連する動きには注目していました。津田さんが芸術監督に就任されたと聞いたときは驚きましたが、ネットやジャーナリズムの双方に関わってこられた津田さんのような経歴を持った人だから、何か新しい風を吹き込んでくれると期待していたところが大きかったと思います。

津田　私も依頼をいただいたときは驚きましたが、「アート」と「ジャーナリズム」は様々な人の様々な考えや思想を世の中に伝えるという意味で共通したものがあるなと感じました。

福田　津田さんが指揮をとるのだからと期待していたところ、アファーマティブ・アクションにつながる取り組みをさっそくなさって、よくぞ！　と思いました。

津田　ありがとうございます。やるからには根底から何かを覆すことに挑戦したいな、と。まずは参加するアーティストの男女の数を構造から変えてしまおう、と。「アート」の世界は、プレイヤーは女性が圧倒的に多いのですが、上層部は男性が占めるといういびつな構造なんですね。ただ、今回は「アート」の分野で、どちらかというと全体的には女性の割合が高い業界でしたので、男女比を半々に調整しやすかった部分はあります。

福田　「あいちトリエンナーレ」で話題になった「表現の不自由展」での対応はあちこちからいろんな意見が出て、かなり大変だったと思います。アートのような自由な表現が認められる場でも、政治的な規制が介入しうる、表現と権力の関係性が現れた重要な問題だったと思います。何がヘイトになって、何がヘイトではないのか、その線引きは非常に難しいのではないかとも自問しました。

津田　社会的なテーマを扱う作品を展示していたので、批判が集中するだろうと、ある意味で心構えはできていました。ただ、アートは鑑賞する側に様々な考え方がありますし、作品を創る側にもいろんな考えがある。なので、何がヘイトで、何がヘイトではないのかという線引きが非常に難しい。

ですから、アート以外のものにも言えることであるのですが、判断を運営側に委ねるのは危険で、リスクコミュニケーションの面から言っても第三者がきちんと入ってジャッジすることが必要だと思います。その上である程度ガイドラインを作って、そこからはみ出す物事を討議し、対症療法的にはなりますが、現行法を組み合わせることで一つひとつの問題に対処するしかないと思います。ただ、今の日本ではそういう問題を議論する場が非常に少ないんですよね。そういう面からも日本人はリスクコミュニケーションが下手だなあと実感します。

AIにも倫理を

福田　現代社会における新しいテクノロジーやネットに関する問題で、リスクコミュニケーションの観点から津田さんが注目されているテーマは何かありますか。

津田　今、気になっているのが、デジタル庁とマイナンバー。現政権（対談時は菅義偉政権）がデジタル庁に期待している背後には明らかに監視社会、管理社会化が透けて見える。他方で、マイナンバーはコロナ禍の給付金問題で課題が見えました。本当に困窮している人に給付を迅速に行うには整備が欠かせません。ただ、預けたデータの使われ方に不安を感じるという人はいまだに多いですよね。それだけ国民と政府の信頼関係が揺らいでいるということでしょう。さらには総務省への不信も重なっていますから。

個人データの利用をめぐる世界の状況を見渡すと、中国は「管理するため」、アメリカは「経済のため」、ヨーロッパでは「人権のため」。では日本はどうか？　ということになる。残念ながら日本の政策を見る限り、現状目指すべき理念がないんですよね。個人情報をなぜ守るべきなのかということを日本人は考えていない。

福田　デジタル庁もマイナンバーも日本では生産性や効率化という側面が強調されがちだと思いますが、日本はそれ以上の価値や理念を打ち出せていませんね。

津田　新しく社会に普及するＡＩやＩｏＴ、ビッグデータなどのイノベーションテクノロジーも世界に様々な問題をもたらします。テクノロジーを活用した監視はより広範囲になっていくと思います。実際に、ビッグデータやＩｏＴを活用した監視活動は中国でも、アメリカでも現実的に進んでいます。しかし、「ＡＩ万能論」のような風潮はよくないと思います。実際、ＡＩとは現在ある情報やデータから判断して次の意思決定に活かすべきものので、ＡＩを意思決定に使うと現実に起きている問題に対処できないという論理的矛盾が発生します。「アマゾン」が採用にＡＩを活用したら、男性有利な就職市場の現在のバイアスを学習して、男性しか採用しない結果を導き出し、アマゾンは慌ててＡＩ活用を止めた。この件が象徴的です。なので、SDGs的な考え方をプラットフォーマーにも行動してもらうようにある程度外からプレッシャーを掛ける必要があるかと思います。そうしない限り、GAFAのような巨大なプラットフォーマーは動かないと思います。

例えば、Yahoo!ニュースって皆さん、わりとご覧になると思います。画面上には新聞社などが配信するニュースだけではなく、ユーザーのコメントが載っていますよね。中には不快なコメントやハラスメント、ヘイトスピーチを投稿する人もいます。でもなぜコメントが載るように設定されているのかというと、コメント欄があるから見るという人が多いのです。Yahoo!はもはや検索サービスで儲けているのではなく、ニュース配信が収益の柱になっているんですよ。彼らは日本でもっとも影響力のあるメディア企業なのです。

福田　企業も稼がねばなりませんからね。そうなってくるとますます経済合理ではない倫理学が必要になってきますね。

津田　AI倫理の問題はこれから大きくなってくると思っています。

福田　そのためにはより大きな情報公開が求められますね。

津田　そうですね、さらに透明性も必要になってくるかと。そのためには多様な分野の人の連携が求められる。分野をまたがって専門家が意見を交わす、そういう場が必要だと思います。

「リアル」の価値が高まっている

福田　ネット社会のリスクコミュニケーションは民主主義に利するものであってほしいと願っています。となると、一人ひとりのネットリテラシーが重要になってくると思います。ネットとのうまい向き合い方、倫理観はどのように高めていけばよろしいでしょうか。

津田　私はそういう質問をよく受けるのですが、「三つの情報取得経路を確保しましょう」と答えるようにしています。

その三つの情報経路とは、「インターネット」「紙の媒体」「人」です。まず、「インターネット」ですが、マスコミが流さないオルタナティブな情報を得る、そして速報を得る際に非常に効果的です。そこでネット経由で正しい情報を得ることが必要になってくるわけで、検索欄に入力するキーワードが肝心になってきます。どういう言葉を検索欄に入れるかでヒットする情報量や質が異なってきます。そういうときに、本や新聞で得た言葉が非常に役立つのです。そこで気付くのが紙媒体の重要性です。新聞や週刊誌には普段は読まないような記事も載っていますよね。でもそういう記事から得られる新しい発見は非常に価値があります。そういう意味で、紙の媒体の一覧性は、ネットやＳＮＳのフィルターバブルを乗り越える力になると思っています。

そして最後の「人」ですが、コロナ禍になって人と会わないである程度なんでもできてしまうようになってくると、人に会う、ということが逆説的に重要性を持つようになると思います。これら三つのバランスをうまくとること、それがこれからの時代にわれわれに求められていることだと思っています。

福田　ネット時代と呼ばれて久しいですが、ネット時代になったからこそ出てきた新しい問題があり、なかなか解決するまでに至っていないというのが現状です。今後はこれまで考えてもいなかった問題も出てくると思いますし、変化に即した解決方法を見いだしていかねばならないと思います。そこで必要になってくるのは、様々なバックグラウンドを持つ人がおのおの責任において意見を交わし、社会の動きを作っていくこと。ネットやSNSがなかった時代はある程度の範囲だったらそういうコミュニティを作ればよかったのですが。しかし、今や世界中の人がつながる時代で、より広い枠組みでのコミュニティ作りが可能になっています。その分、いろんな知恵を出せば社会はよりよい方向に向かい、理想とする民主主義の形が見えてくるのではないかと期待しています。

おわりに

新型コロナウイルスが日本で感染拡大を続けた二〇二〇年末に、本書の執筆は始まった。同年九月に誕生した菅義偉政権が新型コロナウイルスとの闘いの中で、国民に向けて外出自粛などの協力を呼びかけるコミュニケーションの姿勢が消極的であると社会から批判されていた最中のことである。新型コロナウイルス対策に協力を促すための市民への外出自粛要請、飲食業界への営業時間短縮要請、リモートワークの推進に加えて、ワクチン接種のための国民への説得など、対策の中心は政権のリスクコミュニケーションの是非にかかっていた。民主主義における危機管理とリスクコミュニケーションとは、国民への協力の呼びかけであり、合意形成であり、説明責任である。にもかかわらず、国民への説明責任を果たさず、リスクコミュニケーションに後ろ向きであった菅政権は、賛成派と反対派の分断の中で東京五輪を開催し、開催後に多数の好意的意見を得ながらも、政権支持率を下げ続け、ついに二〇二一年九月に退陣表明をした。菅政権の失敗は、市民へのリスクコミュニケーションの失敗であり、このリスクコミュニケーションの重要性を理解しなかったことによるものである。民主主義社会において、リスクコミュニケーションが極めて重要であることをこの事例が示している。その後、自民党総裁選挙で勝利して二〇二一年一〇月に誕生した岸田文雄首相は「国民と向き合う政治」を打ち出したが、それこそが国民と向き合いコミュニケーションする民主主義社会の政治において重要な態度である。その政治が実現するかどうか、国民から評価や支持を得られるかどうかは、岸田首相のリスクコミュニケーションの実践にかかっている。

現代の日本社会が直面しているリスクは新型コロナウイルスだけではない。首都直下地震や南海トラフ巨大地震などの自然災害、再稼働をしている原発、アフガニスタンで政権を奪取したタリバンや世界中で再び活気づき始めたイスラム国、アルカイダなどのテロ組織とテロリズム、開発がさらに進んだ北朝鮮の弾道ミサイルと核兵器、南シナ海での海洋覇権を強めている中国との領土領海問題、地球上で世界規模に進む気候変動危機、社会の存続を脅かすレベルで進行する少子高齢化、数えきれないリスクが社会に山積しているリスク社会である。

こうしたグローバルな危機の時代に、習近平主席の中国やプーチン大統領のロシアなど権威主義国家は、「安全・安心」と「自由・人権」のトレードオフ問題を無視することで危機管理を強行できる強みを見せている。反対に、民主主義国家陣営においては、こうした危機に対するリスクコミュニケーションをマネジメントできない政権が退場を強いられる時代となった。この民主主義の価値、市民の「自由・人権」の価値を守りながら、危機管理とリスクコミュニケーションを実践するためには、どうすればよいのか。リスクコミュニケーションのリベラル・アプローチの構築が世界各国で求められている。

本書は、そうした時代背景、国際情勢のもとで、私たちが危機とどのように向き合い、どのようにリスクコミュニケーションに関わるべきかを問うたものである。オールハザード・アプローチに基づいて、社会の様々な危機、リスクを事例に、具体的にかつ政治学や社会学、心理学などの理論やモデルを用いて学術的に、そして実際の社会調査などのデータを用いながら実証的に論じてきた。

さらに後半では、こうしたリスクコミュニケーションに関する諸問題を、それぞれの専門家と対談することで、コミュニケーションを通じて考察した。新型コロナウイルスなど感染症パンデミックのリスクコミュニケーションについては、筆者がこれまで内閣官房や厚生労働省の各種委員会、分科会でご一緒してきた内閣官房参与の岡部信彦さんと議論することができた。これまでも岡部さんからは感染症対策に関して多くのことを学んできた。また、新しいテクノロジーを駆使した自然災害対策のリスクコミュニケーションについては、東京大学教授の廣井悠さんと議論することができた。廣井悠さんは、現在も日本災害情報学会などの学会や内閣官房、総務省などでの委員会で席を並べる研究仲間であり、筆者が東京大学大学院の院生時代に災害対策の指導を受けた故・廣井脩先生のご子息でもある。また、フェイクニュースや陰謀論などインターネットやSNSにおけるリスクコミュニケーションの問題に関しては、ネット、SNSに詳しいジャーナリストの津田大介さんと対談することができた。津田さんとはこれまでもテレビやラジオなどの番組を通じて、またネットを通じて多様な社会問題を議論し、社会に提言を続けてきた。こうした専門家の岡部信彦さん、廣井悠さん、津田大介さんたちとの議論そのものがリスクコミュニケーションの実践であり、その対談、議論から見えてくる新しい問題や気づきがあった。本書での対談に快く協力してくれた岡部さん、廣井さん、津田さんに感謝の意を表したい。

そして最後に、本書を出版する決断をしてくれた平凡社の皆様、特に、本書の企画の段階から「リスクコミュニケーション」の問題を現在の日本に問うことの意義を強く胸に持ち、筆者に本書の執筆を決断させてくれた編集者の平井瑛子さんに、感謝の言葉を送りたい。リスクコミュニケーションという幅広い、漠然とした問題を、どうすれば読者にわかりやすく、そして意義ある内容にできるか、長期間にわたって筆者と粘り強く向き合って議論し、数多くのアドバイスをくれたのが平井さんであり、平井さんの存在がなければ、本書は完成しなかったであろう。長い期間にわたって本当にありがとう。

最後に、このリスクコミュニケーションの問題は、世界のどんな場所にも、どんな時代にも求められる普遍的な問題であり、終わることのない永遠の課題である。だからこそ、幅広いより多くの読者の皆さんの手元に届き、読まれることを強く望んでいる。さらには大学など学校で学んでいる学生の皆さんにも手に取って読んでほしい。本書を通じてより多くの皆さんとメディアを通じたコミュニケーションを行うこと、この書がより多くの読者の皆さんに読まれること自体が、重要なリスクコミュニケーションの一つなのである。そしてこのリスクコミュニケーションによって生まれた読後の感想や印象は、福田充研究室のメールアドレスや、ツイッター、フェイスブックなどのアカウントまでレスポンスとしていただくことができれば、これ以上の幸せはないであろう。

筆者自身、生きている限り、このリスクコミュニケーションの実践を通じて、危機管理学とリスクコミュニケーションの研究を続けていきたい。

二〇二一年一二月

福田 充

参考文献

Allport, G.W. & Postman, L. (1947) *The Psychology of Rumor*, Henry Holt & Co., New York. オルポート、G・W・&ポストマン、L（1952）『デマの心理学』、南博訳、岩波書店

Austin, J.L.(1975) *How To Do Things with Words*, Oxford: Oxford University Press. ジョン・オースティン（1978）『言語と行為』、坂本百大訳、大修館書店

Bamford, J. (2001) *Body of Secrets: Anatomy of the Ultra-Secret National Security Agency*, Doubleday Broadway Groupe. ジェイムズ・バムフォード（2003）『すべては傍受されている～米国国家安全保障局の正体』、瀧澤一郎訳、角川書店

Beck, U.(1986) *Risko gesellschaft*, Frankfurt, Suhrkamp Verlag, Frankfurt am Main. ウルリッヒ・ベック（1998）『危険社会～新しい近代への道』、東廉・伊藤美登里訳、法政大学出版局

Beck, U.(2002) *Das Schweigen der Worrer : Uber Terror and Krieg*, Suhrkamp Verlag. ウルリッヒ・ベック（2003）『世界リスク社会論～テロ、戦争、自然破壊』、島村賢一訳、平凡社

Festinger, L. (1957) *A Theory of Cognitive Dissonance*, Row, Peterson and Company. レオン・フェスティンガー（1965）『認知的不協和の理論～社会心理学序説』、末永俊郎監訳、誠信書房

Fischoff, B., Slovic, P., Lichtenstein, S., Read, S. & Combs, B. (1978) How safe is safe enough? : A psychometric study of attitudes towards technological risks and benefits, *Policy Sciences*, No. 9. pp.127-

152.
Fischhoff, B., Slovic, P. & Lichtenstein, S. (1979) Weighing the risks, *Environment Science and Policy for Sustainable Development*, 21(5), pp.17-20, 32-38. Reprinted in P.Slovic (ed.) (2000)*The Perception of Risk*, London: Earthscan.
福田充（2021a）「日本の感染症危機管理体制の現状と課題〜COVID-19対応を事例として」『公衆衛生』85巻 4号、pp.254-259
福田充（2021b）「新型コロナウイルスと危機管理の４機能」『東京小児科医会報』Vol.40, No.1, pp.12-16
福田充（2021c）「新型コロナウイルスに対する危機管理とリスクコミュニケーション」『危機管理学研究』第5号、pp.58-74
福田充（2021e）「特措法改正、私権制限の難問に向き合え」『Voice』ＰＨＰ、２０２１年３月号、pp.102-111.
福田充（2020a）「新型コロナウイルスと向き合うための『危機管理の鉄則』」『iRONNA』、２０２０年２月3日付記事、https://ironna.jp/article/14262 （２０２１年10月１日確認）
福田充（2020b）「新型肺炎、緊急事態宣言を恐れるな」『Voice』ＰＨＰ、２０２０年5月号、pp.60-69
福田充（2020c）「危機管理学におけるオールハザード・アプローチの理念」『危機管理学研究』、日本大学危機管理学部危機管理学研究所、第4号、pp.4-17
福田充（2020d）「自治体リスクコミュニケーションの原則と課題〜新型コロナウイルスを事例に」『ガバナンス』ぎょうせい、２０２０年5月号、pp.42-44
福田充（2020e）「コロナ禍で明らかになった自治体危機管理の課題と展望（上）〜リスク・マネジメン

トにおける危機管理４機能の構築」『ガバナンス』ぎょうせい、２０２０年７月号、pp.118-120
福田充（2020f）「新型コロナウイルスにおけるリスク・コミュニケーションの課題」『治安フォーラム』立花書房、２００２年８月号、pp.47-57
福田充（2019）「北朝鮮ミサイル問題とリスク・コミュニケーション」『治安フォーラム』第25巻９号、pp.65-70.
福田充（2017a）「大震災におけるリスク・コミュニケーション」『治安フォーラム』第23巻11号、pp.32-44
福田充（2017b）「熊本地震における被災者アンケート調査からみる災害情報利用の実態」『災害情報』日本災害情報学会、15巻２号、pp.121-126
福田充（2017c）「危機の時代における『危機管理学』の確立～日本大学危機管理学部危機管理学研究所の設置に際して」『危機管理学研究』日本大学危機管理学部危機管理学研究所、Vol.1, pp.4-17
福田充（2016a）「安全保障法制をめぐる日本人の戦争観と安全保障意識」『日大法学』日本大学法学会、第82巻３号、pp.129-149
福田充（2016b）「メディアの進化と『危機管理』化する社会」『マス・コミュニケーション研究』89号、pp.45-60
福田充（2015）「テロリズムとメディア報道～英米におけるテロ報道に関する制度の考察」『海外調査情報』日本民間放送連盟研究所、Vol.11, pp.9-15
福田充（2014a）「ソーシャル・メディアの政治コミュニケーションと社会変動」『治安フォーラム』立花書房、第20巻11号、pp.28-36

福田充（2012a）「災害報道とクライシス・コミュニケーション〜東日本大震災と福島第一原発事故」『大震災・原発とメディアの役割〜報道・論調の検証と展望』公益財団法人新聞通信調査会
福田充（2012b）「マスメディアのリスク情報とオーディエンスの受容〜報道特性と公衆の認識」中谷内一也編『リスクの社会心理学』有斐閣、pp.155-172
福田充（2012c）「アラブの春と革命2・0〜アラブ民主化革命におけるソーシャル・メディアの影響に関する考察」『国際情勢』（財）国際情勢研究所紀要、No.82、２０１２年２月号、pp.351-365
福田充（2011）「アメリカのパブリック・ディプロマシー2・0戦略〜テロ対策とインテリジェンスとの関連性」『国際情勢』（財）国際情勢研究所紀要、No.81、２０１１年２月号、pp.381-396
福田充（2010a）『リスク・コミュニケーションとメディア〜社会調査論的アプローチ』北樹出版
福田充（2010b）『テロとインテリジェンス〜覇権国家アメリカのジレンマ』慶應義塾大学出版会
福田充（2009a）『メディアとテロリズム』新潮新書
福田充（2009b）「米国におけるテロ対策のためのインテリジェンス改革〜ブッシュ政権からオバマ政権への移行を契機として」『政経研究』第46巻2号（２００９年11月号）、日本大学法学部紀要、pp.179-206
福田充（2008a）「リスク社会における現代人の犯罪不安意識〜テロリズムを中心とした犯罪へのリスク・コミュニケーション的アプローチ」『警察政策』第10巻、pp.209-228
福田充（2008b）「テロリズム等の危機事態における警報、避難行動、救急搬送の諸問題」『消防防災』25号、２００８年夏季号、東京法令出版
福田充（2008c）「危機管理に関する広報とメディア戦略〜テロリズムや自然災害等におけるリスク・コ

ミュニケーション」『月刊広報』２００８年８月号、日本広報協会、pp.22-25
福田充（2007a）「イスラムはどう語られたか?～国際テロ報道におけるイスラム解説の談話分析」『メディア・コミュニケーション』慶應義塾大学メディア・コミュニケーション研究所紀要、No.57, pp.49-65
福田充（2007b）「テレポリティクスに関する一考察～テレビと政治をめぐる言説のメディア論的再検討」『Sophia Journalism Studies』、Vol.2, pp.41-58
福田充（2006a）「グローバル・リスク社会を表象する国際テロ報道～２００４年スペイン列車爆破テロ事件を中心に」『メディア・コミュニケーション』慶應義塾大学メディア・コミュニケーション研究所紀要、No.56, pp.109-128
福田充（2006b）「リスクと原子力」、中村功・関谷直也・福田充・中森広道・仲田誠・海後宗男・森康俊『社会からみた「原子力のリスク・コミュニケーション」』原子力安全基盤調査研究平成17年度研究成果報告書、pp.50-71
福田充（2005）「イギリスのＤＡノーティスと報道規制～戦争、テロ等の国家安全保障におけるマスコミ報道規制の問題」『Sophia Journalism Studies』、Vol.1, pp.93-112
福田充（2004）「社会安全・危機管理に対する意識と社会教育・マスコミ報道に関する調査研究」『社会安全』、財団法人社会安全研究財団、２００４年４月号、No.52, pp.24-36
福田充（2001）「災害対策における情報マネージメントの諸問題」『警察政策』警察政策学会、第３巻１号、pp.145-164
福田充（1997）「インターネット時代における電子新聞の利用実態とその影響～インターネット利用者調

査から見た新聞利用の変容」『平成9年度情報通信学会年報』pp.79-91

福田充（1996）「阪神大震災におけるパソコン通信利用〜ニフティサーブの『地震情報』掲示板における震災情報の内容分析」『平成7年度情報通信学会年報』pp.46-57

福田充編（2016）『危機管理学の構築とレジリエントな大学の創造のための総合的研究』、平成27年度日本大学理事長特別研究報告書

福田充編（2012）『大震災とメディア〜東日本大震災の教訓』、北樹出版

福田充・宮脇健（2013）『福島第一原子力発電所事故に対する原発周辺住民の意識に関する実証研究』日本大学法学部・福田充研究室報告書

福田充・浅岡隆裕・岡田章子・是永論・酒井信一郎・清水真・高倉知映（2005）『リスクメッセージを含む広告表現とその受容に関する実証研究』財団法人吉田秀雄記念事業財団・助成研究報告書

Giddens, A. (1999) *Runaway World*, Profile Books Ltd., London. アンソニー・ギデンズ（2001）『暴走する世界〜グローバリゼーションは何をどう変えるのか』、佐和隆光訳、ダイヤモンド社

Habermas, J. (1962) *Strukturwande der Öffentlichkeit: Untersuchungen zu einer Kategorie der bürgerichen Gesellschaft*, Neuwied(Luchterhand). ユルゲン・ハーバーマス（1973）『公共性の構造転換』、細谷貞雄訳、未來社

廣井脩（1991）『災害情報論』恒星社厚生閣

廣井脩（1987）『災害報道と社会心理』中央経済社

廣井脩（1986）『災害と日本人〜巨大地震の社会心理』時事通信社

廣井脩・田中淳・中村功・中森広道・福田充・関谷直也・森岡千穂・廣井悠（2005）「２００４年台風23

号による豊岡市豪雨災害における災害情報の伝達と住民の対応」『災害情報調査研究レポート』、Vol.3, pp.1-84

廣井脩・田中淳・中村功・中森広道・福田充・関谷直也・森岡千穂（2005）「新潟県中越地震と情報伝達の問題～十日町市一般住民調査編」『災害情報調査研究レポート』、Vol.1, pp.153-212

廣井脩・中村功・中森広道・福田充（2005）「自治体の防災対策の現状（２）２００４年津波沿岸自治体アンケート調査～自治体における津波防災対策の現状」東京大学大学院情報学環・学際情報学府『情報学研究・調査研究編』22号、pp.283-339

廣井悠（2018）『知られざる地下街～歴史・魅力・防災、ちかあるきのススメ』、河出書房新社

廣井悠編著（2013）『これだけはやっておきたい！　帰宅困難者対策Q＆A』、清文社

一田和樹（2018）『フェイクニュース～新しい戦略的戦争兵器』、角川新書

Jervis, R. (2007) Intelligence, Civil – Intelligence Relations, and Democracy, Bruneau, Thomas C. & Boraz S.C.(eds.) *Reforming Intelligence: Obstacles to Democratic Control and Effectiveness*, University of Texas Press, pp.v-xix.

Jervis, R. (2005) *American Foreign Policy in a New Era*, Routlegde Taylor & Francis Groupe.

Kasperson, R.E. (1986) Six propositions on public participation and their relevance for risk communication, *Risk Analysis*, Vol.6, pp.275-281.

Kasperson, R.E., Renn, O., Slovic, P., Brown, H.S., Emel, J., Goble, R., Kasperson, J.X. & Ratick, S. (1988) The social amplification of risk: A conceptual framework, *Risk Analysis*, Vol.8, pp.177-187.

片田敏孝（2020）『人に寄り添う防災』、集英社新書

片田敏孝（2012）『みんなを守るいのちの授業〜大つなみと釜石の子どもたち』、NHK出版

Katz, E. & Lazarsfeld, P. F. (1955) *Personal Influence: The Part Played by People in the Flow of Mass Communications*, The Free Press. カッツ&ラザースフェルド（1965）『パーソナル・インフルエンス〜オピニオン・リーダーと人びとの意思決定』、竹内郁郎訳、培風館

Keeney, R.L. & von Winterfeldt, D. (1986) Improving risk communication, *Risk Analysis*, Vol.6, pp.417-424

吉川肇子（1999）『リスク・コミュニケーション〜相互理解とよりよい意思決定をめざして』福村出版

Lang, G.E. & Lang, K. (1984) *Politics and Television*. Sage Publications Inc. G・E・ラング&K・ラング（1997）『政治とテレビ』、荒木功ら訳、松籟社

Le Bon, G. (1895) *Psychologie des Foules*. Alcan. ギュスターヴ・ル・ボン『群衆心理』、櫻井成夫訳、講談社学術文庫

Lippmann, W. (1922) *Public Opinion*. The Macmillan Company. ウォルター・リップマン（1987）『世論（上）（下）』、掛川トミ子訳、岩波文庫

Lyon D. (2001) *Surveillance Society: Monitoring everyday life*, Open University Press, Buckingham. デイヴィッド・ライアン（2002）『監視社会』、河村一郎訳、青土社

McCombs, M.E.& Shaw, D.L.(1972) The agenda-setting function of mass media, *Public Opinion Quarterly*, No.36, pp.176-187.

森康俊・廣井脩・中森広道・福田充・関谷直也・馬越直子・金児茂（2000）「企業の地震防災対策の現状と帰宅困難者問題」『東京大学社会情報研究所調査研究紀要』東京大学社会情報研究所、14号（271）pp.283-354

中村功・関谷直也・福田充・中森広道・仲田誠・海後宗男（2007）「原子力関係者からみた『原子力のリスク・コミュニケーション』」『災害情報調査研究レポート』、Vol.10, 東京大学・東洋大学災害情報研究会、pp.1-154.

中村功・仲田誠・関谷直也・福田充・中森広道・海後宗男・森康俊（2006）「社会からみた『原子力のリスク・コミュニケーション』」『災害情報調査研究レポート』、Vol.6, pp.1-218.

National Research Council (1989) *Improving Risk Communication*, Washington, DC: National Academies Press. Jervis, R. (2005) *American Foreign Policy in a New Era*, Routledge Taylor & Francis Groupe.

西浦博（2020）『理論疫学者・西浦博の挑戦～新型コロナからいのちを守れ！』、中央公論新社

Nye, Jr. J.S. (2004) *Soft Power: The Means to Success in World Politics*, The Sagalyn Literary Agency. ジョセフ・ナイ（2004）『ソフト・パワー』、山岡洋一訳、日本経済新聞出版

荻上チキ（2011）『検証 東日本大震災の流言・デマ』光文社新書

岡部信彦監修（2019）『最新感染症ガイド』、日本小児医事出版社

岡部信彦（2009）『かぜと新型インフルエンザの基礎知識～知って防ごう』、少年写真新聞社

岡部信彦・和田耕治編（2020）『新型インフルエンザパンデミックに日本はいかに立ち向かってきたか～１９１８スペインインフルエンザから現在までの歩み』、南山堂

Pariser E. (2011) *The Filter Bubble: How the New Personalized Web Is Changing What We Read and How We Think*, Penguin Books. イーライ・パリサー（2012）『閉じこもるインターネット～グーグル・パーソナライズ・民主主義』、井口耕二訳、早川書房

笹原和俊（2018）『フェイクニュースを科学する～拡散するデマ、陰謀論、プロパガンダのしくみ』、化

学同人
Searle, J. R. (1979) *Expression and Meaning*, Cambridge University Press.
Searle, J. R. (1969) *Speech acts*, Cambridge University Press.
関谷直也（2011）『風評被害〜そのメカニズムを考える』光文社新書
Shibutani, T. (1966) *Improvised News: A sociological study of rumor*, Bobbs-Merrill. タモツ・シブタニ（1985）『流言と社会』、廣井脩・橋元良明・後藤将之訳、東京創元社
清水美香・福田充（2011）「リスクコミュニケーションの鍵」、アジア感染症ガバナンス研究会編『アジアにおける感染症ガバナンス〜パンデミック対策を入り口とした再興・新興感染症までの備え』、笹川平和財団報告書、pp.23-30
Slovic, P. (1986) Informing and educating the public about risk. *Risk Analysis*, Vol.6, pp.403-415.
Slovic, P. (2000) *The Perception of Risk*, Earthscan.
スイス政府編（2003）『民間防衛』（新装版）、原書房
Sunstein, C. R. (2001) *Republic.com*, Princeton: Princeton University Press. キャス・サンスティーン（2003）『インターネットは民主主義の敵か』、石川幸憲訳、毎日新聞社
鈴木裕久・川上善郎・村田光二・福田充（1996）「『頑健な』災害警報作成のための研究（I）〜『東海地震警戒宣言』と『毒ガス事故』についての音声警報の実験報告」『東京大学社会情報研究所調査研究紀要』、8号、pp.1-52
鈴木裕久・川上善郎・村田光二・福田充（1997）「『頑健な』災害警報作成の方策に関する研究（II）〜テレビ警報におけるテロップの効果に関する実験報告」『東京大学社会情報研究所調査研究紀要』9号、

pp.1-36
東京都編（2015）『東京防災』東京都総務局総合防災部防災管理課
平和博（2017）『信じてはいけない〜民主主義を壊すフェイクニュースの正体』朝日新書
津田大介（2011）「ネットが支えたローカルな震災情報」『放送文化』ＮＨＫ出版、２０１１年夏号、pp.24-27
津田大介（2009）『Ｔｗｉｔｔｅｒ社会論――新たなリアルタイム・ウェブの潮流』洋泉社新書
津田大介・日比嘉高（2017）『「ポスト真実」の時代〜「信じたいウソ」が「事実」に勝る世界をどう生き抜くか』祥伝社
Wardle, C. (2017) *Fake News. It's Complicated*, First Draft. https://firstdraftnews.org/articles/fake-news-complicated/（２０２１年10月１日確認）
Wiener, N. (1961) *Cybernetics*, The M.I.T. Press. ノーバート・ウィーナー（1962）『サイバネティックス〜動物と機械における制御と通信』、池原止戈夫ら訳、岩波書店
Weiner, T. (2008) *Legacy of Ashes: The History of the CIA*. The Robins Office Inc., New York. ティム・ワイナー（2008）『ＣＩＡ秘録〜その誕生から今日まで（上・下）』、藤田博司ら訳、文芸春秋

【著者】
福田充（ふくだ みつる）
日本大学危機管理学部教授。1969年兵庫県西宮市生まれ。コロンビア大学客員研究員、日本大学法学部教授等を経て現職。博士（政治学）。東京大学大学院博士課程単位取得退学。専門は危機管理学、リスクコミュニケーション。内閣官房等でテロ対策や防災、感染症対策の委員を歴任。著書、編著に『メディアとテロリズム』（新潮選書）、『テロとインテリジェンス——覇権国家アメリカのジレンマ』（慶應義塾大学出版会）、『大震災とメディア——東日本大震災の教訓』『リスク・コミュニケーションとメディア——社会調査論的アプローチ』（北樹出版）等。

平凡社新書996

リスクコミュニケーション
多様化する危機を乗り越える

発行日——2022年1月14日　初版第1刷

著者——福田充
発行者——下中美都
発行所——株式会社平凡社
〒101-0051 東京都千代田区神田神保町3-29
電話 (03) 3230-6580［編集］
(03) 3230-6573［営業］
印刷・製本—株式会社東京印書館
DTP——株式会社平凡社地図出版
装幀——菊地信義

ISBN978-4-582-85996-6
平凡社ホームページ　https://www.heibonsha.co.jp/